新励成
软实力教育丛书

陶辞 著

好口才

这样练

人民邮电出版社

北　京

图书在版编目（CIP）数据

好口才　这样练 / 陶辞著. —— 北京 ：人民邮电出版社，2024.3
ISBN 978-7-115-62987-6

Ⅰ．①好… Ⅱ．①陶… Ⅲ．①口才学－通俗读物
Ⅳ．①H019-49

中国国家版本馆CIP数据核字(2023)第198170号

内 容 提 要

对于口才学习来说，练习是必要的补充与延续。有针对性地练习，可以快速提升自己的沟通能力。

本书共分两个部分，分别是提升五种核心能力的专项行动和关于高频场景的专项行动。第一部分介绍了针对赞美、拒绝、把握分寸、掌控节奏和说服这五种核心能力进行练习的 30 个行动。第二部分分为职场场景和家庭场景，职场场景包含与同事和客户的沟通，共 21 个行动和 6 个场景解析；家庭场景包含与爱人、孩子和父母的沟通，共 2 个行动和 4 个场景解析。

除了行动与场景，本书还穿插介绍了指导行动的模型、公式、图表等，适合想提升沟通能力、丰富沟通技巧的广大读者阅读，也适合相关培训机构选作参考书。

◆ 著　　　　陶　辞
责任编辑　贾鸿飞
责任印制　王　郁　胡　南

◆ 人民邮电出版社出版发行　　北京市丰台区成寿寺路 11 号
邮编　100164　电子邮件　315@ptpress.com.cn
网址　https://www.ptpress.com.cn
涿州市京南印刷厂印刷

◆ 开本：880×1230　1/32
印张：4.625　　　　　　　　2024 年 3 月第 1 版
字数：94 千字　　　　　　　2024 年 3 月河北第 1 次印刷

定价：39.80 元

读者服务热线：(010)81055410　印装质量热线：(010)81055316
反盗版热线：(010)81055315
广告经营许可证：京东市监广登字 20170147 号

前言

阅读是获得知识、技能或提升认知的主要途径，实践则是真正做到学以致用的必经之路。

无论是大诗人陆游写的名句"纸上得来终觉浅，绝知此事要躬行"，还是谚语"光说不练假把式"，强调的都是行动的重要性。没有行动，理论知识只是空中楼阁。口才的提升也一样——行动起来，才算迈开了第一步。

本书是一本以指导行动为主旨的训练手册，内容围绕"如何行动"来组织，分为两个部分：提升五种核心能力的专项行动、关于高频场景的专项行动。

需要说明的是，本书专门从行动训练的角度出发编写，书中第一部分涉及的与方法和公式等有关的知识，讲解只有寥寥数语，或者一笔带过，因为这些知识在 2023 年 6 月上市的前作《好口才 这样学》中有详细的介绍。第二部分的职场场景，涉及很多具体的行为逻辑，对此书中有较详细的理论知识介绍，这算是对前作内容的补充。

本书的第一部分涉及的五种核心能力——赞美、拒绝、把握分寸、掌控节奏和说服，与《好口才 这样学》一书中的五章内容一一对应。这五种能力也是口才最重要的基本功，读者掌握得越扎实，综合能力就越强，就越有助于处理好沟通中复杂多变的情况。

本书的第二部分针对具体的高频场景下的行动训练展开，内容包括在职场中和在家庭中的沟通，贴近综合实战。其中职场场景主要包含与同事的沟通和与客户的沟通，这些恰恰是我们在工作中最常遇到的场景；家庭场景主要包含与爱人、孩子和父母的沟通，这些沟通无疑是我们每天都要面对的。如何控制好决定沟通效果的关键因素，是这部分内容的核心。

本书为第一部分的每一个行动都配了行动总结，其中包含行动目标、自我评价、心得/经验/教训，方便读者记录以便改进。另外，第二部分给出了应对各种场景的理论、公式或具体方法，读者可结合实际情况灵活应用。

本书内容侧重应用和行动，目的是帮助读者把口语表达的核心能力应用到具体的沟通中。书中所列的行动，能够帮助读者一步一步地完成口语表达能力的进阶。在进阶过程中，读者的表达能力、自信心会提升，人际关系质量和生活质量也会变得更好。

愿所有读者知行合一，美满幸福。

目录

第二部分｜关于高频场景的专项行动

第一部分

提升五种核心能力的专项行动

赞美、拒绝、把握分寸、掌控节奏和说服是口才最重要的基本功：基本功越扎实，综合能力就越强，就越有助于处理好复杂多变的情况。

一、学会赞美的 8 个行动

人都喜欢被赞美，尤其是发自肺腑的赞美。

人与人之间因为认可、喜欢、欣赏、尊重而建立的关系才是良性的关系。

赞美，是极具性价比的沟通方式，很多时候，一句恰到好处的赞美胜过千言万语。

行动1：主动开口

【行动描述】

从今天开始，每天完成一次对身边人的有意识的、积极主动的赞美，哪怕只说一句话都可以，把赞美的话大大方方地说出口。比如，你可以说："新发型真好看，让整个人看起来更帅了。"

【注意事项】

1. 在开口之前，需要观察对方的着装、妆容、精神等，切勿无中生有，以避免使人感到尴尬。

2. 要有主动开口的意识，力争每天至少完成一次有意识的赞美。

【行动总结】

（1）行动目标。

主动说一句赞美他人的话。

（2）自我评价。

□ 能大方地夸人了，感觉很好

□ 赞美的时候还是有些不自在，感觉一般

□ 目标未达成

（3）心得/经验/教训。

_____

_____

_____

_____

_____

_____

_____

_____

_____

_____

_____

_____

_____

行动 2: 细节之夸

【行动描述】

选择一个具体的细节，最好是对方的一个优点，然后清晰地描述这个优点，让对方感受到你是关注他的。比如，你可以说："你找 bug 越来越厉害了，这次连调试工具都没有用就一眼看出来了。"

【注意事项】

赞美别人之前，选择的优点，最好是对方已经有自我认同的优点，这样能迅速引起对方的共鸣。

【行动总结】

（1）行动目标。

通过一个细节夸别人。

（2）自我评价。

☐ 细节抓得准确，得到好的回应，感觉很好

☐ 不太成功，感觉一般

☐ 目标未达成

（3）心得/经验/教训。

_____

_____

_____

_____

_____

_____

_____

_____

_____

_____

_____

_____

_____

行动 3：泛泛之夸

【行动描述】

进行一次泛泛之夸，不用夸得很具体，但要表达自己的感受，让对方感受到你的赞美。比如，你可以说："看到您的作品，我备受鼓舞，感觉自己还可以有很大的提升。"

【注意事项】

1. 不用具体到某一个点，停留在一个面（比如本例中的"您的作品"，而不是具体到某一件作品）即可。

2. 一定要说出自己的感受，如"备受鼓舞"，这种感受的表达要直接，让对方能立即意识到你在夸他。

【行动总结】

（1）行动目标。

用表达感受的方式夸人。

（2）自我评价。

□ 说出了自己的感受，对方很开心，自己也感觉很好

□ 表达得不好，感觉一般

□ 目标未达成

（3）心得/经验/教训。

行动 4：细节加感受

【行动描述】

进行一次完整的包含细节和感受的夸赞，用于夸赞的载体可以是人、事，也可以是物。你可以说："老师，您太好了，刚才小明一个问题问了您三遍，您不但没有一点反感，还给他倒了杯水。我上学那会儿要是遇到您这样的老师该多好！"

【注意事项】

本行动实际是行动 2 和行动 3 的结合，重点是清晰地描述细节（"一个问题问了您三遍""没有一点反感""倒了杯水"）和表达感受（"我上学那会儿要是遇到您这样的老师该多好"）。

【行动总结】

（1）行动目标。

用包含细节和感受的方式夸人。

（2）自我评价。

□ 细节和感受都说清楚了，感觉很好

□ 表达得不完整，感觉一般

□ 目标未达成

（3）心得/经验/教训。

_____

_____

_____

_____

_____

_____

_____

_____

_____

_____

_____

_____

_____

行动 5：曲线赞美

【行动描述】

A：通过对方身边的某件物品，完成一次曲线赞美。借物抬人，比如你可以说："小王，工位上那本《道德经》是你的吧，你这么年轻就能对《道德经》感兴趣，未来可期啊！"

B：通过描绘对方的行为细节，完成一次曲线赞美。比如，听完一位老师的演讲，在后台一起交流时，你可以说："王老师，能请教一个问题吗？我感觉您上台前，走台阶的那几步特别有气场，一般人都走不出这种感觉。请问我以后演讲时，怎么做才能给别人这种感觉呢？"

【注意事项】

既然是曲线赞美，那就不是直截了当地夸，而是要借助"第三方"进行，要通过某件事、某个人、某件物品表达赞美，但选择"第三方"时不要过分失实，否则极有可能会让对方陷入尴尬的境地。

【行动总结】

（1）行动目标。

从侧面赞美他人。

（2）自我评价。

☐ 对方积极回应我，我感觉很好

☐ 似乎不太成功，感觉一般

☐ 目标未达成

（3）心得/经验/教训。

行动6：镜子效应

【行动描述】

A：在曲线赞美的基础上再进一步，通过镜子效应，以"设身处地"的方式完成一次赞美。你可以说："小张，我看到你设计的图了，能告诉我你的思考过程吗？我觉得你太牛了，我像你这么大时，这种设计手法，我想都不敢想。"

B：通过照镜子，完成一次对长辈的赞美。你可以把妈妈拉到镜子前，一边照一边说："同事都说我的眼睛长得特别好看，妈，你仔细看我的眼睛是不是随你，我长得好看的地方都随你。"

【注意事项】

1. 镜子效应可以通俗地理解为在人际交往中，他人会以你对待他的方式对待你，所以态度真诚很重要。

2. 镜子效应可以用来迅速与他人建立信任关系，需要熟练而正确地使用。

【行动总结】

（1）行动目标。

利用镜子效应夸别人。

（2）自我评价。

☐ 对方很开心，我感觉很好

☐ 表达不够流畅，感觉一般

☐ 目标未达成

（3）心得/经验/教训。

行动 7：心理补偿机制

【行动描述】

选择一个你想赞美的对象，观察并分析对方想听什么话，有什么心理需求，再通过心理补偿机制完成一次赞美。比如针对团队里一个很有能力但性情有些孤僻的程序员，你可以说："小李，你策划组织的能力很强，工作思路也很清晰，你要不要考虑将来独立负责项目，如果有这个打算的话，先和伙伴们处处关系，未来带团队会更顺利些。"

对于这种确实很有水平的同事，可以通过这种赞美来激励，再通过实践来验证。

【注意事项】

采用心理补偿机制的时候，一定要准确抓住赞美对象的心理需求，而且要直白地说出对方的强项、优点，才能起到正向激励的作用。

【行动总结】

（1）行动目标。

利用心理补偿机制夸人。

（2）自我评价。

☐ 得到正向的回应，我感觉很好

☐ 对方似乎没有积极回应，感觉一般

☐ 目标未达成

（3）心得/经验/教训。

行动 8：日行一赞

【行动描述】

每天择机进行一次及时的赞美，可以让沟通能力显著提升，并且能让自己在处理人际关系时保持良好的心态。只要对方有积极、可赞的言行，就马上给予赞美，及时表达你的欣赏和赞同。

【注意事项】

1. 不同的人有不同的优点，在对方说的话或者做的事让你觉得不错的时候，要及时表达赞美。

2. 最好能每天坚持这么做，当然也不必强求，尤其是确实不存在可赞美的言行时。

【行动总结】

（1）行动目标。

每天进行一次赞美。

（2）自我评价。

□ 每天都在做，感觉很好

□ 每天都在做，暂时没有感觉到积极的变化

□ 没有有意识地坚持做

（3）心得/经验/教训。

小结：8 个行动的作用

行动	作用
1. 主动开口	强化赞美的意识，优化沟通的状态，做到敢于表达
2. 细节之夸	强化表达的技巧，增强关注他人的意识
3. 泛泛之夸	强化表达的技巧，提升表达感受和通过表达共情的能力
4. 细节加感受	提升通过细节夸人的能力，同时提升共情的能力
5. 曲线赞美	提升对可以用来夸赞他人的人、事、物的敏感度
6. 镜子效应	提升"设身处地"的表达意识和能力
7. 心理补偿机制	强化深度理解他人的意识，提升用语言激励他人的能力
8. 日行一赞	改善心境，调整心态，改善人际关系，养成良好的沟通习惯

二、学会拒绝的 7 个行动

拒绝，似乎是一种不够友善的行为，这也是很多人难以开口说"不"的主要原因之一。很多人会因为拒绝他人而背上心理包袱。

在工作和生活中，我们往往碍于面子没有拒绝一些"分外之事"，导致自己很累很辛苦，尤其是在应允了超出能力范围的事且结果不如预期时，通常会因得不到理解而毁掉一段关系。

其实，换个角度想，学会拒绝能让我们筛选出真正值得重视的、有价值的关系。

我们要懂得拒绝，善于拒绝。

行动 9：直接说"不"

【行动描述】

完成一次心理压力比较小的拒绝行动，无论对方是好意的还是另有所图的，直接、干脆地把心里的感觉说出来。

比如，别人叫你一起出去吃午饭，你可以直接说："我不去。"或者别人想借你的电脑用一下，你可以直接说："不行。"

【注意事项】

1. 要直接说"不"，不要找理由，也不要解释。

2. 可以经常这么做，用一次又一次的行动告诉自己，"不"字是随时可以说出口的。持续强化这种意识，直到说"不"时不再有任何心理压力。

【行动总结】

（1）行动目标。

用"不"字简洁果断地拒绝。

（2）自我评价。

☐ 拒绝得直接、干脆，感觉很好

☐ 虽然拒绝了，但不够果断，也不坚决

☐ 目标未达成

（3）心得/经验/教训。

行动 10：强化自重感

【行动描述】

列出自己的优点并每天告诉自己，持续两周，以此强化自重感。同时，梳理自己为家庭、他人和社会创造过的价值，比如你曾经负责一款畅销产品的设计等。

明确自己的价值，就是对自重感的强化。

【注意事项】

要清晰地认识自己的优点，从而接受自己，认可自己，喜欢自己。但对自己的肯定要实事求是，不要盲目，否则会走向傲慢与自负。

【行动总结】

（1）行动目标。

连续两周肯定自己的价值。

（2）自我评价。

□ 变得更加自信，感觉很好

□ 次数够了，但作用不明显，感觉一般

□ 目标未达成

（3）心得/经验/教训。

行动 11：人际关系敏感度

【行动描述】

完成一次带有目的的沟通，沟通过程中判断对方的情感，感受对方的情绪，分析对方的沟通目的，并记录下来。比如，"对方的情感是友情，情绪是失望和愤怒，目的是需要我后天出席活动"。

思考下次遇到这种情况时，自己怎么表达会有更好的效果。循序渐进，持续提升自己的人际关系敏感度和换位思考能力。如果在刻意练习的过程中对自己的分析结果不那么确定，可以择机向对方求证自己的判断是否准确。

【注意事项】

在判断、感受、分析的时候，要冷静而客观，不要带着先入为主的立场与情绪，否则分析结果可能是错的。

【行动总结】

（1）行动目标。

在有目的的沟通中记录对方的情绪和目的。

（2）自我评价。

□ 判断属实，感觉很好

□ 记录下来的与真实的情况有出入，感觉一般

□ 目标未达成

（3）心得/经验/教训。

行动 12：拒绝内耗

【行动描述】

拒绝内耗的关键是快速转变行为模式，通过"拒绝三问"——想不想、要不要、能不能，得到明确的答案后立即开始一个小的拒绝行动，从而改变内耗的循环。

比如，一位领导想把一个费力不讨好的项目交给你，你跟自己对话完后的结论是，不想做，不要做，但有能力做。如果你一直在"要不要拒绝领导，拒绝了会有什么后果"的纠结中内耗，那你可以选择开始一个小的行动，把事情推进到另一个阶段，就不会在此纠结了。如果觉得完全拒绝并不好，你可以给领导类似这样的回复："领导，我仔细盘点了一下现在的工作量，也认真考虑了这个项目，但还是感觉自己现阶段的压力太大了。"当你进行了这样一个小的行动后，决策压力暂时就不在你身上了，原来纠结的问题也不存在了，因为矛盾焦点已经变了。

【注意事项】

当自己陷入某种纠结状态时，不要按原有的思路进行思考，这样通常只会让自己一直纠结。要学会跳出来，换个角度思考问题。

【行动总结】

（1）行动目标。

转变自己的行为模式。

（2）自我评价。

□ 掌握了"拒绝三问"，感觉很好

□ 虽然拒绝了，但内心很纠结

□ 目标未达成

（3）心得/经验/教训。

_____

_____

_____

_____

_____

_____

_____

_____

_____

_____

_____

行动 13：温柔的坚定

【行动描述】

温柔的坚定指带缓冲的拒绝。有时拒绝不是推开，而是拥抱，当拒绝他人时，也要给他人一种被拥抱的感觉。这里还是用"行动12"中的例子进行说明，领导给你安排了一个你不想做的任务，你想直接拒绝，可以说："领导，我没时间，做不了。"你可以不那么直接，而是用带有温度的方式拒绝："领导，我仔细盘点了一下最近的工作安排，目前手上的活儿都很紧，接了这项任务如果完不成，就耽误您的事了，所以这次我就不做了，实在不成等我把这个月的工作做完，咱们再定，您看行吗？"

有时，温柔的坚定其实很有力量。

【注意事项】

在表达"缓冲区"的同时，一定要清晰地表达拒绝的意思。

【行动总结】

（1）行动目标。

完成一次带缓冲的拒绝。

（2）自我评价。

□ 清晰而委婉地完成拒绝，感觉很好

□ 虽然拒绝了，但心里还是很纠结，感觉很费劲

□ 目标未达成

（3）心得/经验/教训。

行动14：万能公式——情理法

【行动描述】

使用万能公式完成一次拒绝。同时关注并描述情、理、法三个方面——关心对方的感受，给对方一个合理的理由，最好再给出建议。

这里还是用"行动12"中的例子进行说明。你可以说："领导，非常感谢您给我这么重要的任务，昨晚我仔细梳理了现在的工作，发现排期实在是太满了，也不知道把哪一项往后延合适，所以想征求一下您的意见，我可不可以找团队的其他人商量，让他来接一下这项任务，或者往后延一个月再定。"

$$\boxed{\text{高情商拒绝}} \approx \boxed{\genfrac{}{}{0pt}{}{情}{(关心)}} + \boxed{\genfrac{}{}{0pt}{}{理}{(理由)}} + \boxed{\genfrac{}{}{0pt}{}{法}{(建议)}}$$

【注意事项】

每次拒绝别人前，都可以考虑在情、理、法三个方面怎么表达。

【行动总结】

（1）行动目标。

使用万能公式完成一次拒绝。

（2）自我评价。

□ 顺利掌握万能公式的使用，感觉很好

□ 已完成，但表达并不流畅，感觉一般

□ 目标未达成

（3）心得/经验/教训。

_____

_____

_____

_____

_____

_____

_____

_____

_____

_____

_____

_____

_____

_____

行动 15：缓兵之计加更高的优先级

【行动描述】

使用"缓兵之计加更高的优先级"的方式，完成一次拒绝行动。最好选择生活和工作中那些临时发生的或者琐碎的事情，这样可以更好地提升自己的应变能力。比如，你正忙于工作，旁边的同事却一个劲儿地说公司怎么不好，也不管你回不回应，就一直跟你絮叨。这时你当然可以直接说："你别说了，我忙着呢。"但这样说话很可能让对方陷入尴尬的境地，无意间得罪了人，也变相给自己添了堵。

这时就可以用"缓兵之计加更高的优先级"的方式，你可以小声和她说："小红，咱俩去茶水间喝杯水吧，一边喝一边聊，这里说话声音大了可能会打扰其他人。"如果对方意识到她的行为打扰你了，可能就不再说了。如果她还没意识到，你们到了茶水间或者到了一个可以闲聊的地方后，你可以陪她聊两句，然后看下手机并说："小红，我们领导催我交方案，我得抓紧了，忙完再聊。"

这就是拒绝和对方沟通的另一种表达方式，但你不会得罪对方，也不会让对方因为表达欲被限制而不舒服。换个地方其实就是缓兵之计，领导催进度就是更高的优先级，将这二者结合使用，就是高情商的拒绝方式。

【注意事项】

日常练习时，"有条件的同意约等于拒绝"和"安全地带的折中处理"这两种方式可以结合"缓兵之计加更高的优先级"使用。

【行动总结】

（1）行动目标。

结合"情理法"，用"缓兵之计加更高的优先级"完成一次拒绝。

（2）自我评价。

□ 能熟练给人空间，也能很自然地说出有更重要的事要做，感觉很好

□ 不够熟练，过程磕磕绊绊，感觉一般

□ 目标未达成

（3）心得/经验/教训。

小结：7 个行动的作用

行动	作用
9. 直接说"不"	打磨心理素质，提升面对压力时的自信和气场
10. 强化自重感	让自己更自信
11. 人际关系敏感度	提升自己的人际关系敏感度和换位思考的能力，修正表达方式
12. 拒绝内耗	强化转移决策压力的能力
13. 温柔的坚定	提升把握拒绝尺度的能力
14. 万能公式——情理法	掌握拒绝时情、理、法的结合使用
15. 缓兵之计加更高的优先级	强化使用万能公式的意识，熟悉高情商的拒绝方式

三、练习把握分寸的 7 个行动

　　分寸，可以理解为说话或做事的适当标准或限度。在人际交往中，"标准"或"限度"在不同的关系中显然是不一样的。

　　有分寸感，意味着在不同的场合中，知道什么不该说，什么不可以做，懂得保持必要的距离，遵守该有的标准，不越过限度与边界，这是理智与成熟的标志之一。

　　学会判断这种距离、标准、限度、边界，是每个人的必修课。

行动 16：强化距离感

【行动描述】

完成两次对距离感的体验，两次体验都通过控制距离来完成。第一次，身体和双脚的脚尖都正对着对方，通过前后移动找到和对方说话最舒服的距离。第二次，侧对同一个人，身体的正面和双脚脚尖的方向，都与对方的正面方向成直角，你再通过左右移动找到和对方说话最舒服的距离。记住这两种情况下你最舒服的距离。

你和对方在正面和侧面的最舒服的距离形成的区域边界，决定了基于你们现在的身份，沟通时的最佳距离。通过持续的训练你就能有所体会。

距离感是一种感受，持续体会，你的距离感就会越来越好。

【注意事项】

1. 异性同事之间的距离，最好大于男性的臂长，太近就会给对方压迫感或者显得双方过于亲密。

2. 下属和领导沟通时，最好面对领导。

3. 领导和下属沟通时，正对下属可能会给对方很大的压力。

【行动总结】

（1）行动目标。

通过两次体验，强化距离感。

（2）自我评价。

□ 熟练掌握，感觉很好

□ 过程不够自然，感觉一般

□ 目标未达成

（3）心得/经验/教训。

_____

_____

_____

_____

_____

_____

_____

_____

_____

_____

_____

_____

行动 17：强化边界感

【行动描述】

即使是在自己特别有表达欲望的时候，说话之前也要在心里把话说一遍，判断一下自己要说的话是否会冒犯对方。比如，说话语气是否尊重对方？内容是否涉及对方的隐私？措辞是否过于激烈？如果自己感觉确有不妥之处，就调整之后再跟对方沟通。持续练习，每次开口之前都对自己要说的话进行判断，语言的边界感就会越来越好。

【注意事项】

无论关系多么亲密，言语中涉及对方的隐私都是不尊重他人的表现。在判断自己的言辞时，一定要记住这一点。

【行动总结】

（1）行动目标。

在心里把要说的话先说给自己听，以此强化语言的边界感。

（2）自我评价。

☐ 掌握了语言的边界感，感觉很好

☐ 时不时就忘了先判断，感觉一般

☐ 目标未达成

（3）心得/经验/教训。

行动 18：说三分话，留七分权

【行动描述】

完成一次"说三分话，留七分权"的练习——每当你想把要说的内容全部说出来时，克制一下，只说一部分。

有三种处理方式可以选择。第一种是当对方接话时，自己马上停止表达，给对方留一个"逗号"；第二种是说到一半时不说了，转而问对方一个问题，给对方留一个"问号"；第三种是说到一半时做"留白"处理，给对方留一个"省略号"。

比如，你和同事在一次会议上产生了争执，因为你是占理的，所以你可以一直据理力争，直到阐述完你的观点。当然，你也可以说三分话，把说话的权利交出去。下面是上述三种处理方式对应的做法。

1. 使用"逗号"。当对方开始说话时，无论自己讲到哪里，都可以马上停下，让对方说，然后看情况再决定是否接着说。

2. 使用"问号"。如果你想将发言权交给其他人，你可以说："对于刚才的问题，我觉得王总应该有更好的思路，能请王总讲一下吗？"以这样的方式，把话题交给第三方，可以让氛围得到缓和。你还可以顺着对方说："刚才张总的观点有一部分我完全认同，能请张总再讲一下您的具体方案吗？"用这种方式把发言权直接交给对方，而对方在不占理的情况下表达得越多，破绽可能就越多，你可择机收回"说话权"。

3. 使用"省略号"。如果你想听听大家怎么说，或者觉得目前还不是说话的最佳时机，你可以说："刚才那个问题我说完了，现在这个问题我还需要仔细思考一下……"用这种方式可以暂时将发言权交给其他人。

【注意事项】

1. 无论采用三种方式中的哪一种，都要就事论事，保持克制，保证情绪稳定。

2. 很多时候，"得理不饶人"不是好的做法。

【行动总结】

（1）行动目标。

学会根据具体情况"说三分话"。

（2）自我评价。

□ 能准确拿捏分寸，感觉很好

□ 偶尔还是会说太多，感觉一般

□ 目标未达成

（3）心得/经验/教训。

_____

_____

_____

_____

_____

_____

_____

_____

_____

_____

_____

_____

_____

行动 19：状态转换

【行动描述】

使用分寸感公式，在角色、情绪和语言三个方面都刻意设定一种状态，完成一次完整的沟通。

比如，你平时的管理风格是比较强势的，和下属沟通时情绪往往比较激烈，语言也以下达命令为主，给人强烈的压迫感。在这次练习中，你可以选择一位性格比较随和的下属，换一种方式沟通。将关系从上下级变成平级，将情绪放平缓，把语言风格从命令转变为协商。原本你会说："明天必须完成，我只看结果，不要解释。"现在你可以说："我需要你明天完成任务，你有没有可行的方法？"

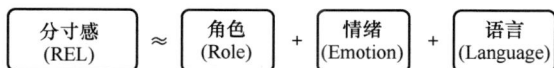

$$\boxed{\begin{array}{c}\text{分寸感}\\ \text{(REL)}\end{array}} \approx \boxed{\begin{array}{c}\text{角色}\\ \text{(Role)}\end{array}} + \boxed{\begin{array}{c}\text{情绪}\\ \text{(Emotion)}\end{array}} + \boxed{\begin{array}{c}\text{语言}\\ \text{(Language)}\end{array}}$$

【注意事项】

没有分寸感，可能会让对方难堪甚至感到窒息，无论对方是你的上司、下属，还是平级的同事。设定角色、情绪和语言的状态应根据对方的特点进行，核心目的是用对方可以接受的方式表达自己的诉求。

【行动总结】

（1）行动目标。

学会把握沟通时的角色、情绪和语言。

（2）自我评价。

□ 情绪、语言与角色完全对应，感觉很好

□ 情绪或语言拿捏得不够到位，感觉一般

□ 目标未达成

（3）心得/经验/教训。

_____

_____

_____

_____

_____

_____

_____

_____

_____

_____

_____

行动 20：先肯定，再商定

【行动描述】

通过"先肯定，再商定"的方式收获一次正向反馈。沟通时分寸把握得怎么样，要看对方给你的反馈是不是正向的。比如，下属向你汇报一个项目的进度，实际情况你并不满意。此时你可以说："你做的这是什么啊，拿回去重做，尤其是第 3 项。"如果这样说，对方会情绪低落，也几乎不会给你正向的反馈。如果采用"先肯定，再商定"的方式，可以这样说："你的项目推进速度还挺快，我看了下内容，还是需要兼顾速度和质量，有些地方还有优化的空间，尤其是第 3 项，你看看还可以怎么做。"采用这种方式，你更容易获得对方的正向反馈。

【注意事项】

本行动中的"商定"并不是真正的"商量后决定"，而是用协商的口吻清晰地表达自己需要对方做的事情。

【行动总结】

（1）行动目标。

学会先肯定，再商定。

（2）自我评价。

☐ 表达了自己的要求且得到正向反馈，感觉很好

☐ 目标达成，但表达似乎不够清晰

☐ 目标未达成

（3）心得/经验/教训。

行动 21：先处理心情，再处理事情

【行动描述】

通过"先处理心情，再处理事情"的方式收获一次正向反馈。

比如，妻子因工作不顺利而感到憋屈，回家后开始和丈夫发牢骚，甚至把怨气转移到丈夫身上，这时作为丈夫，有些人就会直接说："这个问题这么简单，你冲我发什么脾气啊，首先你得……"丈夫给的意见可能是很有道理的，但妻子是否能听进去就不好说了。变换一下方式，丈夫可以说："怎么了亲爱的，你工作能力这么强，还有人敢欺负你呢。受什么委屈了？跟我好好说说。"等妻子把积压的情绪发泄出来，丈夫再说："这事儿我给你参谋一下，首先你可以……"这样的处理方式，丈夫不仅安抚了妻子，获得了正向反馈，还能帮助妻子解决问题，一举多得。

【注意事项】

沟通时双方的心情都好，信息传递自然就通畅。所以，沟通前我们一定要调整好自己的心态和情绪，沟通时先改善对方的心情，对方心情好了，对你言语的包容度也会增加，你也就更好掌控分寸。

【行动总结】

（1）行动目标。

学会先调整自己的情绪和改善对方的心情，再处理事情。

（2）自我评价。

□ 成功地让对方变得愉悦且解决了对方面临的问题

□ 目标达成，但心情调整显得有些刻意

□ 目标未达成

（3）心得/经验/教训。

_____

_____

_____

_____

_____

_____

_____

_____

_____

_____

_____

_____

_____

行动 22: 恰到好处的妥协

【行动描述】

通过妥协的方式恰到好处地把握分寸,"坏话好说""长话短说"和"硬话软说"这三种方式,可以任选其一。当对方有些过分或者明显带有攻击性的时候,我们就可以使用这样的方式,让对方知难而退,使双方保持一个恰到好处的距离。比如,在工作中有人当众刁难你:"人家这是过劳肥,是工作努力的结果。"对这种明显带有攻击性的说话方式,你可以直接回应:"关你什么事。"这样做的后果可能是尽管对方失了分寸,但你也被带着降低了水平。此时你可以用"坏话好说"的方式,笑呵呵地说:"不好意思,我的事让您这么费心,头发都掉了不少,真是过意不去啊。"对方自然会知道你并不好欺负,以后就会收敛,而其他人则会觉得你很会说话。

【注意事项】

无论采用哪种方式,核心都是先缓和气氛再进行反击,关键是不要让反击变成"骂街",这需要一定的信息储备量和反应速度。

【行动总结】

(1)行动目标。

完成一次恰到好处的妥协。

(2)自我评价。

□ 以退为进,成功化解对方语言失当带来的尴尬

□ 目标达成，但表达得不好

□ 目标未达成

（3）心得/经验/教训。

_____

_____

_____

_____

_____

_____

_____

_____

_____

_____

_____

_____

小结：7 个行动的作用

行动	作用
16. 强化距离感	找到与不同身份、不同关系的人沟通时的最佳距离
17. 强化边界感	推己及人，把握沟通时的语言边界
18. 说三分话，留七分权	强化分寸感意识，提升把握说话分寸的能力
19. 状态转换	强化"变态"意识，提升灵活应变的能力
20. 先肯定，再商定	学会通过预留弹性空间获得正向反馈
21. 先处理心情，再处理事情	提升把握情绪和改善他人心情的能力
22. 恰到好处的妥协	强化分寸感意识，提升随机应变的能力

四、练习掌控节奏的 4 个行动

节奏控制的好坏，直接影响一次演奏的成败，也会影响一部电影的流畅程度。

节奏同样存在于沟通中。不同的情形下说什么样的话，用什么语气；什么内容需要详细说，什么内容可以寥寥数语带过；什么时候该谁说……这些因素控制得好，沟通自然就会很顺畅，也会收到预期的效果。

要提高沟通质量，必须学会掌控节奏。

行动 23："变态"法则意识强化

【行动描述】

每次沟通前，都在内心默念一次"变态"法则，沟通是因变而变但又万变不离其宗的。要把握好状态，首先要明确事态（客观的事件）、心态（主观的感受）及语态（沟通的行为）这三个要素，其次要学会灵活切换自己的心态和语态。

每次沟通前都刻意在大脑中确认一遍"三态"，持续练习就可以提升沟通的灵活度，让自己在瞬息万变的沟通中，保持因变而变但又万变不离其宗的状态，从而把握沟通的节奏。

【注意事项】

事态、心态、语态处于不停的变化中，所以在沟通中要时刻留意，以便根据实际情况和沟通目的灵活应对。

【行动总结】

（1）行动目标。

强化自己的"变态"意识，并学会根据变化及时调整。

（2）自我评价。

□ 对"三态"的确认越来越熟练而且准确，感觉很好

□ 每天都在做，但心态和语态切换不自然

□ 没有每天坚持做

（3）心得/经验/教训。

_____

_____

_____

_____

_____

_____

_____

_____

_____

_____

_____

_____

_____

行动 24：五种链接意识强化

【行动描述】

通过五种方式和对方建立有效的链接，这五种方式分别是通过事实、想象、情感、观点和信念。人与人沟通的底层逻辑是建立链接，沟通有效是因为存在有效的链接。有时候，我们不知道怎么找话题、怎么化解尴尬的根本原因是没有找到有效的链接方式。

这五种链接方式可以单独使用，也可以组合使用，链接越牢固，沟通的质量越高。每次沟通前和沟通间隙，我们都可以刻意告诉自己要用哪种方式进行链接，持续练习，沟通时对节奏的掌控能力就会得到明显提升。

比如，当你想通过事实和对方进行链接时，你可以说："领导，下午有时间吗？耽误您 10 分钟，我汇报一下 A 项目的进度和第三季度的实施方案。"项目进度和方案都是一种事实，这种方式很常见。

如果通过情感进行链接，你可以说："老同学啊，咱们有一年没见了，我下个月到北京去看你啊。"又比如，你在佛山某地演讲，你可以说："虽然我是北方人，但来广东后我发现我更喜欢吃粤菜，尤其是顺德菜。"

如果用想象进行链接，则重点是通过描述尚未发生的事引起对方的兴趣，甚至是强烈共鸣。

如果用观点进行链接，你可以说："听说你很喜欢梅西，我也认为他是当今最棒的球员，7 座金球奖杯可都是实实在在靠实力拿到的。"这是观点的表达，同时也带着一些球迷的情感。

如果用信念进行链接，你可以说："兄弟，不要气馁，这只是个小挫折，我相信你一定可以挺过去。"

【注意事项】

这五种方式的形式有所不同，但在本质上具有共性：寻求建立链接时要真诚。切不可让人觉得你在玩"套路"，否则往往得不偿失。

【行动总结】

（1）行动目标。

学会根据具体情况选择合适的建立链接的方式。

（2）自我评价。

☐ 五种链接方式都已经掌握，感觉很好

☐ 每天都在做，但链接点的寻找有些费劲

☐ 没有每天坚持做

（3）心得/经验/教训。

_____

_____

_____

_____

_____

_____

_____

行动25：节奏公式框架强化

【行动描述】

首先记住节奏公式，让自己明确沟通的整体框架和思路，做到时时刻刻心中有数。在每次沟通前，都在心里跟自己强调三件事情：明确沟通的目标；调整状态，尤其是心理状态；调整情绪。明确的目标、平稳的心态和积极正面的情绪，是高质量沟通的前提，也是沟通可以顺畅进行的条件。完成一次框架完整的沟通并持续练习，让框架烂熟于心。

$$\boxed{沟通节奏} \approx \boxed{\begin{array}{c}明确目标\\(产生影响)\end{array}} + \boxed{调整状态} + \boxed{调整情绪} + \boxed{变态沟通}$$

【注意事项】

本行动可视作"变态"法则的强化应用，公式中等号后的前三项——明确目标、调整状态、调整情绪分别对应"三态"中的事态、心态、语态，做好这三项是实现第四项——"变态沟通"的前提。

【行动总结】

（1）行动目标。

熟练运用节奏公式。

（2）自我评价。

☐ 已熟悉并能应用自如

☐ 已记住公式，但用起来不顺畅

☐ 还未记住公式

（3）心得/经验/教训。

_____

_____

_____

_____

_____

_____

_____

_____

_____

_____

_____

_____

_____

行动 26: 节点强化

【行动描述】

针对五个节点进行专门的练习。完成一次包含五个节点的完整沟通，并主动将沟通从一个节点推进到另一个节点，进而强化对沟通结构的认知。

主动找链接点，找到话题切入点，再主动带节奏，让双方进入更好的情绪状态，然后主动完成角色转换，让双方自由切换沟通内容，最后为下一次沟通做好铺垫。

本行动需要持续练习，熟练掌握这五个节点的处理后，"尬聊"就会越来越少。

【注意事项】

1. 顺畅地找到链接点非常重要，这直接决定了沟通的氛围。

2. 要多注意节点的处理，这是沟通质量的决定性因素之一。

【行动总结】

（1）行动目的。

完成一次包含五个节点的沟通。

（2）自我评价。

□ 熟知每个节点的作用，并且能自如地推进，感觉很好

□ 目标达成，但过程不太顺畅

□ 目标未达成

（3）心得/经验/教训。

小结：4 个行动的作用

行动	作用
23. "变态"法则意识强化	提升对"三态"的变化敏感度，以便更灵活应对沟通中存在的变数
24. 五种链接意识强化	强化与人链接的意识，提升沟通的节奏掌控能力
25. 节奏公式框架强化	强化"三态"意识，熟悉沟通前的注意事项
26. 节点强化	强化结构意识，提升从结构入手掌控节奏的能力

五、强化说服能力的 4 个行动

　　服，有承认、服从、信服之意。让人服，需要能力，也需要技巧。

　　说服的本质是影响，说服能力的本质就是影响力，是一种通过表达和沟通影响他人的能力。从想让别人信服到别人真正信服，很多时候是需要刻意而为的，这"为"字中包含了很多沟通的技巧。

行动 27：说（shuō）服和说（shuì）服的意识强化

【行动描述】

每次打算说服别人前都告诉自己"说服是一种双赢的影响力"，让自己保持平常心。建立这种意识，就可以区分说（shuō）服和说（shuì）服了。

每次沟通前都问自己：我是要说（shuō）服对方呢，还是要说（shuì）服对方？选择好方式，就可以在沟通过程中有的放矢。

【注意事项】

想有效说服对方，就要时刻记住：不要总想着要改变对方。

对成年人而言，直接以改变对方为目的的说服往往是徒劳的。说服是影响对方而非直接改变对方，你可以说（shuō）服对方，但对方只能被自己说（shuì）服。

【行动总结】

（1）行动目的。

建立"说服是一种双赢的影响力"的意识。

（2）自我评价。

☐ 已建立双赢意识，感觉很好

☐ 已知道说服的本质，但还是想改变对方

☐ 没有建立

（3）心得/经验/教训。

_____

_____

_____

_____

_____

_____

_____

_____

_____

_____

_____

_____

_____

_____

行动 28：建立说（shuì）服的自评标准

【行动描述】

完成一次包含使人知、令人信、动人情和促人行这四个方面的完整的说（shuì）服。

虽然并不是每次沟通都要包含这四个方面，但我们要有这样的意识。方法其实很简单，就是沟通前思考一下，明确在这四个方面分别应该怎么表达。持续练习，说（shuì）服别人时的思路就会越来越清晰，节奏感也会越来越好。

【注意事项】

1. 说（shuì）服的过程是一个产生影响的过程，是你让别人从"知"到"行"的过程，但这个过程并不是一蹴而就的。

2. 说（shuì）服别人的目的是使别人行动起来，这才是影响力的真正体现。

【行动总结】

（1）行动目标。

完成一次完整的说（shuì）服。

（2）自我评价。

□ 成功地让人按照自己的期望开始行动，感觉很好

□ 目标达成，感觉很吃力

□ 目标未达成

（3）心得/经验/教训。

_____

_____

_____

_____

_____

_____

_____

_____

_____

_____

_____

_____

行动 29：说（shuì）服公式强化

【行动描述】

记住说（shuì）服公式。

说(shuì) 服 ≈ 重视 + 需求 + 需要 + 想象 + 指标

说（shuì）服的第一步，就是要使人知：不仅知道内容，而且让人重视。

第二步，通过刺激对方的感受，明确对方的需求。有需求，才有改变的动机和欲望，才有被说（shuì）服的可能性。

第三步，基于对方的需求，晓之以理、动之以情地告诉对方解决方案，让对方知道他需要的是什么。

第四步，通过引导对方想象，让对方对这种想象产生期待，对方一旦认可现实和想象的落差，就产生了势能，此时便可引导对方将势能转化为动能。

第五步，目标是用来看的，指标是用来实现的，把目标转化为可通过行动达到的指标。

按照说（shuì）服公式展示的框架，完成一次完整的说（shuì）服。持续练习，举一反三，说话的思路和章法就会越来越清晰。

【注意事项】

1. 在说（shuì）服的过程中，要先明确目标。目标既可以定性描述，也可以定量描述，而说（shuì）服公式的目标需要定量描述——指标。

2. 目标是说（shuì）服之前就要确定的，而指标可以在说（shuì）服的过程中确定，这个过程就是一个从定性到定量的过程。

3. 只"知道"却没有期待是很难有行动力的，所以知道不等于行动。

【行动总结】

（1）行动目标。

熟练使用说（shuì）服公式。

（2）自我评价。

☐ 已熟练使用说服公式，感觉很清晰

☐ 仅能背下来，不会实战应用

☐ 还未背下来

（3）心得/经验/教训。

_____

_____

_____

_____

_____

_____

行动 30：说（shuō）服公式强化

【行动描述】

进行说（shuō）服练习的第一步：记住四原色公式的结构及含义。

四原色公式其实就是说（shuō）服公式，是用来进行说（shuō）服的。说（shuì）服公式的结构相对确定，而说（shuō）服的相对灵活。四原色公式基于四个模块，一共有 16 种结构，可以用来应对不同的环境和人，做到因变而变又万变不离其宗。

$$说（shuō）服 \approx 接纳（绿） + 感性（红） + 理性（蓝） + 共识（黄）$$

使用四原色公式时，不要拘泥于固定的表达结构，可以对这四个模块进行自由排序和组合，不同的排序和组合会收到不同的效果。

1. 接纳（绿） + 感性（红） + 理性（蓝） + 共识（黄）
2. 接纳（绿） + 理性（蓝） + 共识（黄） + 感性（红）
3. 接纳（绿） + 共识（黄） + 感性（红） + 理性（蓝）
4. 接纳（绿） + 感性（红） + 共识（黄） + 理性（蓝）
5. 感性（红） + 理性（蓝） + 共识（黄） + 接纳（绿）
6. 感性（红） + 共识（黄） + 接纳（绿） + 理性（蓝）
7. 感性（红） + 接纳（绿） + 理性（蓝） + 共识（黄）
8. 感性（红） + 理性（蓝） + 接纳（绿） + 共识（黄）
9. 理性（蓝） + 共识（黄） + 接纳（绿） + 感性（红）
10. 理性（蓝） + 接纳（绿） + 感性（红） + 共识（黄）
11. 理性（蓝） + 感性（红） + 共识（黄） + 接纳（绿）
12. 理性（蓝） + 共识（黄） + 感性（红） + 接纳（绿）
13. 共识（黄） + 接纳（绿） + 感性（红） + 理性（蓝）
14. 共识（黄） + 感性（红） + 理性（蓝） + 接纳（绿）
15. 共识（黄） + 理性（蓝） + 接纳（绿） + 感性（红）
16. 共识（黄） + 接纳（绿） + 理性（蓝） + 感性（红）

比如，下属到办公室和你沟通，你可以使用基本结构。

"来，晓红，先坐下喝口茶。"（接纳性表达）

…………

"有些日子没聊天了，最近客户跟我反馈你的服务工作做得很好啊。"（感性表达）

"之前的工作没问题就不说了，你说说接下来的工作思路吧。"（理性表达）

"好，就按你说的做，业绩超额完成 20%，另外，我再给你增加 20 万元的预算。"（共识性表达）

如果换一下顺序，就会让人有完全不同的感受。

"晓红，下个阶段你的业绩指标定为超额完成 20% 吧，行不行？"（共识性表达）

"之前的工作就不用说了，说一下接下来的工作思路吧。"（理性表达）

"最近客户跟我反馈你的服务工作做得很好啊。"（感性表达）

"坐会儿，喝会儿茶。"（接纳性表达）

不断强化对四原色模块进行排序与组合的能力，将 16 种结构都刻意使用一次。持续练习，可以收获丰富的实战经验。

【注意事项】

由四原色生成的 16 种结构没有对错，只有合不合适，在不同的情景，面对不同身份和性格的人，要使用不同的结构。

【行动总结】

（1）行动目标。

掌握四原色公式并灵活运用。

（2）自我评价。

☐ 可以灵活对四原色模块进行排序和组合，感觉很好

☐ 目标达成，但对变化结构不熟悉

☐ 目标未达成

（3）心得/经验/教训。

_____

_____

_____

_____

_____

_____

_____

_____

_____

_____

小结：4 个行动的作用

行动	作用
27. 说（shuō）服和说（shuì）服的意识强化	强化说服意识，提升说服能力
28. 建立说（shuì）服的自评标准	熟悉对说（shuì）服进行自评的标准
29. 说（shuì）服公式强化	强化说（shuì）服意识，提升结构化表达的能力
30. 说（shuō）服公式强化	提升说（shuō）服时的灵活度和节奏感，综合提升说服能力

第二部分

关于高频场景的专项行动

完成了核心能力的专项行动后，读者对五种核心能力的认识会更深刻。从第二部分开始，行动的难度将会增加，读者需要在工作与生活中经常发生的场景下综合运用五种核心能力。正是因为接下来要介绍的行动所处的场景在工作和生活中几乎每天都能遇到，所以这部分内容叫关于高频场景的专项行动。

这部分内容分为职场场景和家庭场景，行动围绕特定的场景和关系展开。

读者需要把五种核心能力训练中使用的公式用于这部分的行动训练，进一步提升真实场景中的表达能力。

先回顾一下这几个核心的公式。

1. 赞美公式

具体之夸 ＝ 细节 ＋ 感受

2. 拒绝的万能公式

高情商拒绝 ≈ 情（关心）＋ 理（理由） ＋ 法（建议）

3. 分寸感公式（REL）

分寸感（REL） ≈ 角色（Role）＋ 情绪（Emotion）＋ 语言（Language）

4. 节奏公式

沟通节奏 ≈ 明确目标（产生影响）＋ 调整状态 ＋ 调整情绪 ＋ 变态沟通

5. 说（shuì）服公式

说（shuì）服 ≈ 重视 ＋ 需求 ＋ 需要 ＋ 想象 ＋ 指标

6. 说（shuō）服公式

说（shuō）服 ≈ 接纳（绿）+ 感性（红）+ 理性（蓝）+ 共识（黄）

⟨一⟩ 职场场景

　　无论什么类型的组织，都是由各种各样的人组成的，组织因此有各种各样的氛围。氛围会影响人，让人表现出有趋向性的行为和特质，形成一种"场"。职场是关于职业、职责和职位的场，在职场中我们要建立如下五种意识。

　　1.　你面对的是一个个具体的人，他们拥有不同技能、职位、背景、资源、欲望和特质。

　　2.　价值交换是职场关系的基础，志同道合是职场关系的追求。

　　3.　职场中的多数关系是中短期的，少数是长期的，对不同的关系要用不同的沟通策略，中短期的就事论事，长期的就事论人、就人论事。

　　4.　在职场中要三思而"言"，很少有人能真正站在你的角度去理解你说话的原因，但多数人能判断你说话的后果，无论沟通是否正式，都要注意自己的表达时机和方式。

　　5.　给予别人想要的，别人才会给你想要的。

　　需要说明的是，在"职场场景"的行动训练中，我们不再专门描述"注意事项"，也不再提供"行动总结"，而是专注于对身份、场合、关系进行归纳，介绍在不同的场景中沟通的原则。

不可不知的理论：1-8 模型

我们将职场中的关系和场景进行分类，便于我们在面对不同的沟通对象时，能够快速梳理清楚沟通思路。因此，职场场景的前半部分内容为与同事的沟通，后半部分内容为与客户的沟通。

在此，我们用两个维度"沟通正式程度"和"场合正式程度"，将沟通场景划分成一个四象限结构。

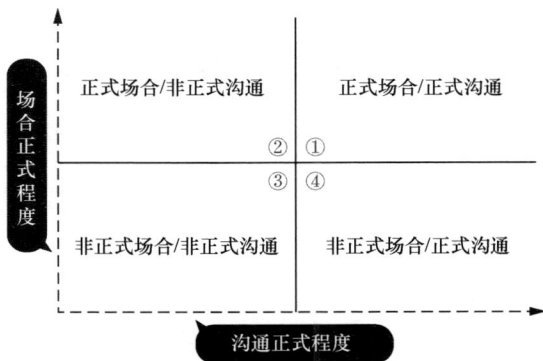

我们可以根据图中所示的四象限结构，将职场的沟通场景分为四个类型：①正式场合的正式沟通；②正式场合的非正式沟通；③非正式场合的非正式沟通；④非正式场合的正式沟通。

以下举例说明。

在公司总部召开年终述职会议，是正式场合的正式沟通；午间休息时，你和同事在会议室里聊娱乐八卦，是正式场合的非正式沟通；客户约你打球时聊业务，是非正式场合的正式沟通；跟合伙人聚餐畅聊人生，是非正式场合的非正式沟通。

除了根据正式/非正式划分四象限结构，我们还可以用两个维度"沟通常规倾向"和"角色主导程度"，再划分一个四象限结构。

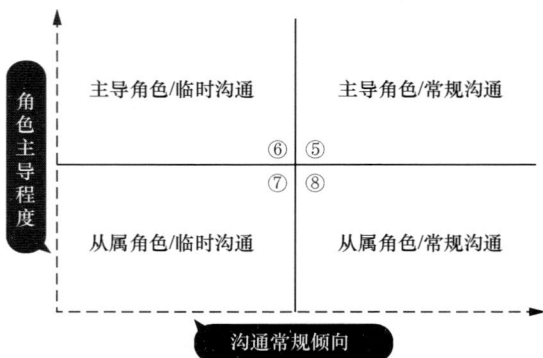

我们可以据此四象限结构将职场的沟通再分为四个类型：⑤你是主导角色的常规沟通；⑥你是主导角色的临时沟通；⑦你是从属角色的临时沟通；⑧你是从属角色的常规沟通。

以下举例说明。

你在公司电梯里遇到领导问你话，这是一次临时的沟通，可以想一下，那一刻你是主导角色还是从属角色。你主持一次部门月度会议，这是常规沟通，请思考会议上谁是主导角色，谁是从属角色。

把上面的两张图分别表示的四象限结构合起来就构成沟通的"1-8 模型"，一共包含 8 个类型。在后面的行动中，我们都可以事先思考一下这个"1-8 模型"——把沟通的性质按四象限结构归类，行动的效果会更好。

与上级沟通：3 个场景+3 个行动

场景 1：电梯偶遇领导，怎么说话才得体

电梯里遇到领导，该怎么办？我相信这是多数职场人都碰到过的问题。有人些已经应对自如，有些人还在困扰。其实这种情况并没有那么难处理，只需要能够做到这两点：一个是把握好面对这种情况时的心态，另一个是平时就要有意识地培养应对这种临时情况的沟通能力。

先说一下心态，很多人之所以会被这个问题困扰，是因为心态不平稳，每次见到领导就手心出汗、表情僵硬，局促不安，其实大可不必。只要心态调整好，你就可以大大方方，自然从容。关键是你怎么看待这件事情。敬畏是有敬有畏，而非单纯的畏，如果你总担心没给领导留下好印象，那你就很难放得开。事实上领导不一定会在意这短暂的交集。

换个角度，如果你把这次偶遇当成难得的交流机会或表现机会，你就会变得更为主动。领导既然跟你同乘电梯，那么这个场景下你们的沟通就是平等的。用平常心或者积极主动的心态去沟通交流，就会有好的结果。

平时有个好心态，再具备可以应对这种临时情况的沟通能力，你自然会胸有成竹、从容大方。"电梯时间"是短暂的，怎么在短暂的时间进行有效的沟通，说些什么，怎么说呢？

你可以主动简单地打个招呼；也可以先看领导的状态，再决定

多说还是多听。如果领导要跟你交流一件具体的事情，那你就要言简意赅。这个场景下的变化挺多，要随机应变，关键是你要有思路，以不变应万变。我们通过"1-8模型"对这个问题进行定性。

首先我们先对"电梯偶遇领导"这个情况进行归类。电梯是一个公共空间，且为非正式场合，所以这种情况下的沟通属于非正式沟通，对应"1-8模型"第一张图中所示的类型③。同时，这是一种偶发性的临时沟通，唯一不确定的是在这次沟通中，你是主导角色还是从属角色，所以我们可以先把这次沟通对应到"1-8模型"第二张图所示的⑥或者⑦类型。综合来看，"电梯偶遇领导"属于③-⑥或者③-⑦类型的沟通。那你更倾向于做主导角色还是从属角色呢？也要看具体情况。如果电梯很拥挤，能不说话就别说话了，如果领导这时主动跟你说话，你简单回应一下就行。如果电梯里人很少或者就你们两个人，这时你就要选择角色了。

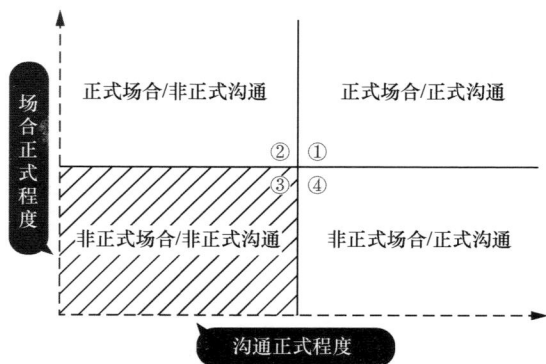

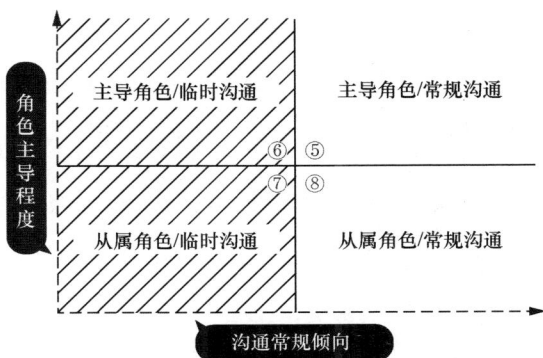

如果你和领导很熟，或者与他在工作上的联系很紧密，那就可以主动、积极一些，只要领导有沟通的欲望，你就可以主动表达。最简单易行的方式就是夸一下领导的气色、穿搭，或者简单说一下近期顺心的事情。如果要聊工作，你可以简要说明现在的情况，使用节奏公式"沟通节奏 ≈ 明确目标（产生影响）+ 调整状态 + 调整情绪 + 变态沟通"，快速明确目标，是简单汇报一下工作，还是和领导约时间进行工作汇报。明确目标之后，快速调整自己的情绪状态，最后用领导可以接受的口吻说出你的想法。

如果你和这位领导不是很熟悉，或者工作上的联系不那么紧密，就可以先看看领导的状态，再决定主动还是被动。如果领导一直低头看手机，或者回避和你沟通，你也不用打扰对方，在出电梯时有礼有节地示意一下"领导请"就可以。如果这位领导似乎想跟你说说话，你可以主动先说话，要是你不确定领导认不认识你，你就先介绍一下自己"王总好，我是市场部的小范"，再给领导一个赞美。如果这位领导认识你，你可以先赞美一下领导或礼貌地打个招呼，等领导开口和你说话，你再顺着聊就可以了。

行动 31：③-⑥和③-⑦类型的强化（结合具体之夸）

让我们基于③-⑥和③-⑦类型的沟通技巧完成一次行动训练。请你在类似电梯的非正式场合遇到领导时，完成一次主动的工作汇报邀约。

1. 主动开口完成一次赞美。比如，你可以说："王总，今天气色真不错啊。"

2. 适时发起一次工作汇报邀约："王总，本来想明天跟您请示的，您这周什么时间得空，约您 15 分钟时间，可以吗？我想把现在的项目进展跟您汇报一下。"这样展开临时沟通，不仅不会让气氛显得尴尬，还能体现你工作积极主动。

场景 2：领导突然问你忙不忙，怎么回复

你正在工作，领导突然问你忙不忙，该如何回答？这也是职场中典型的沟通问题，直接回答"忙"或者"不忙"当然是可以的，但是有没有更好的方式呢？我们使用"1-8 模型"来拆解一下。

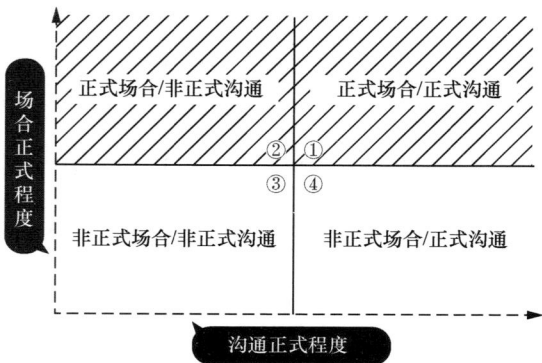

"你正在工作，领导突然问你忙不忙"，可见你处在工作状态，可以确定这是在正式场合的沟通，不确定的是领导接下来要进行的沟通是正式的还是非正式的，所以就"1-8模型"的第一张图而言，你们的沟通对应类型①或②。很明显，这次沟通是临时性的，而且领导作为发起方，你大概率属于从属角色，在"1-8模型"的第二张图中对应类型⑦，所以我们可以把"领导问你忙不忙"这类问题归于①-⑦或者②-⑦类型的沟通。

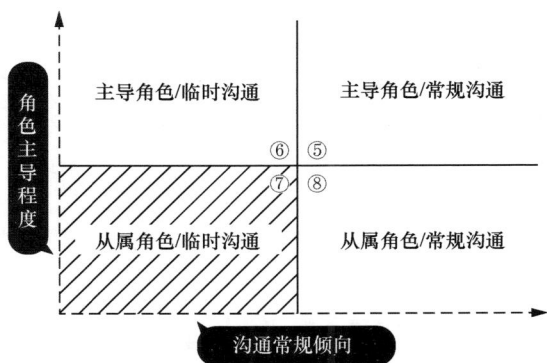

再来考虑这次沟通的重点。由于你并不清楚领导的意图，主动权在领导一方，所以索性就把话语权主动交给领导。你不必站在自己的角度说"忙"或者"不忙"，把现在工作的实际情况言简意赅地描述即可。如果领导觉得他的事情更重要，他可能会说："现在有件事情很重要，能不能耽误你5分钟？"如果领导觉得你的事情更重要，他可能会说："大概什么时间可以做完？做完后你来找我一下。"①-⑦和②-⑦都属于临时沟通，且自己扮演的是从属角色，应对的关键是先把话语权给对方，再看沟通更倾向于正式还是非正式。

行动 32：①-⑦和②-⑦类型的强化（结合分寸感公式）

让我们基于①-⑦和②-⑦的类型的沟通技巧完成一次临时沟通训练。当领导或者同事在你工作时临时找你，可以使用分寸感公式完成这次沟通。

当领导或同事问你类似"忙不忙"的问题时，首先要明确自己是从属角色，然后你可以用平静或者略积极的情绪和对方说："王总好，我正在整理一份项目方案，11点半需要交给客户，您找我什么事？"

如果对方说："现在有件事情很重要，能不能耽误你5分钟？"你可以说："好的，我保存一下文档，一分钟后去找您。"

如果对方说："大概什么时间可以做完？做完后你来找我一下。"你可以回复："预计下午两点，您的时间方便吗？"

这个训练可以提升你面对临时情况时把握分寸的能力。把话语权交换给对方，既是对对方的尊重，也可以让自己在沟通中更从容。

场景3：汇报工作的两个"正确姿势"

很少有人喜欢下属汇报工作时，满腹牢骚和怨气；也很少有人喜欢下属汇报工作时，为失败找一堆理由。因为前者会带来负面情绪（缺少情绪价值），后者对提高绩效毫无帮助（缺少绩效价值）。很多人不懂如何汇报工作，是因为没有抓住汇报的本质。汇报工作的能力是向上管理能力的综合体现，这个能力的本质或者核心是"价值确认的效率"，价值确认的效率越高，工作汇报的效果就会越好。

怎么提升工作汇报时价值确认的效率呢？我们要兼顾两个正确的"姿势"。一个是情绪价值的确认，情绪价值往往是隐性的、不易觉察的；另一个是绩效价值的确认，这个是显性的，能够直接判断。

在正确使用这两种"姿势"之前，通过"1-8模型"对工作汇报类沟通定性。汇报工作是一种正式沟通，多数情况下是在办公场景中进行的，属于正式场合，因此对应"1-8模型"第一张图中的类型①；也有少数情况下汇报工作发生在非正式场合，对应类型④。另外，对于汇报工作，你是主动积极，还是被动消极，效果会完全不同；你是把它列为常规工作还是领导要求时你才汇报一下，效果也会完全不同。对于一个对自己职业生涯和工作负责的人而言，汇报工作应该是一项需要主动完成的常规工作，因此，工作汇报类沟通对应"1-8模型"第二张图中的类型⑤。综上所述，汇报工作属于①-⑤或④-⑤类型的沟通。

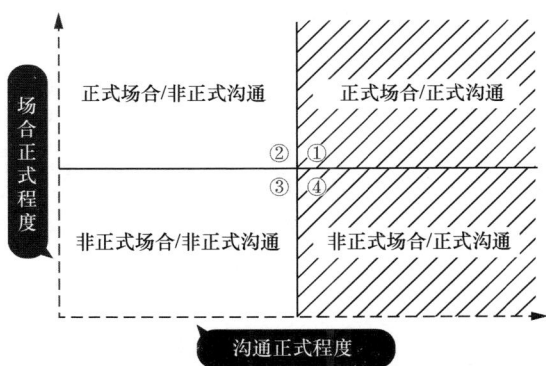

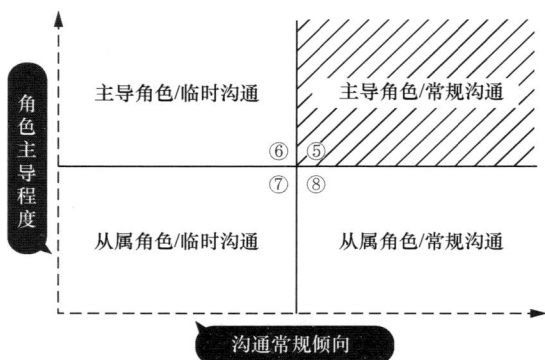

在进行情绪价值和绩效价值的确认时，我们要明确，价值确认过程实际上就是一个说（shuō）服的过程，所以要用到说（shuō）服公式（四原色公式）。面对不同类型的领导，根据实际情况从四原色生成的 16 种结构中选择最合适的使用。

工作中，领导只是一种角色，角色的背后是不同性格和工作风格的人：有些人感性，有些人理性；有些人事无巨细，有些人抓大放小；有些人脾气急躁，有些人不紧不慢；有些人只关心自己的利益，有些人会关照和引领他人。你在汇报工作时，在陈述事情的基础上，如果沟通方式契合领导的风格，汇报就会事半功倍。

如果你的领导是一位比较理性、严肃的女性，你可以从理性表达开始沟通，让对方感受到你对她的尊重，以及你对待工作的端正态度，然后根据当时的具体情况确定后续的节奏。

比如，在正式当面汇报前，你可以打电话或者发信息说："领导，我有两个工作要向您汇报。"如果对方黄色特质（共识）明显，你可以再说："我需要您的指导。"如果对方绿色特质（接纳）明显，你可以说："可以给我 10 分钟的时间吗？"

总而言之，工作汇报的核心是价值确认，沟通的过程可以认为是一个说服的过程，所以你需要做的，是使用一种合适的表达结构。

行动33：①-⑤和④-⑤类型的强化（结合四原色公式）

基于①-⑤和④-⑤类型的沟通技巧完成一次工作汇报。选择四原色生成的 16 种表达结构中的任意一种进行一次正式的工作汇报。和领导约完汇报时间后，你要到他的办公室当面汇报工作。我们依照"蓝黄绿红"结构来进行这次沟通。

首先，你要量化表达你要汇报的事情，你可以说："领导，关于项目有两件事要跟您汇报一下。"（蓝色关键词：理性、量化）

领导回复后，先完成绩效价值的确认，你可以说："领导，这两件事，一件很顺利，您签个字就行；另外一件，我一定得先征求您的意见，再往前推进。"（黄色关键词：共识、尊重）

和领导达成共识后，再表示对这一共识的接纳和认同，你可以说："这事真是谢谢领导了，我现在思路清晰了。"（绿色关键词：接纳、认同）

最后，在要结束对话的时候，进行情绪价值的确认，你可以说："感谢领导支持，下次有疑问，我得第一时间就找您，省得绕弯路浪费时间。"

要非常重视这个汇报工作的训练，因为具备正确汇报工作的能力，对你的职业生涯会有非常大的帮助。

至此你通过 3 个行动加深了对与上级沟通的方式的理解。通过下面的"1-8 模型汇总表（1）"，你可以举一反三。无论遇到什么情况，首先要给沟通定性，然后可以通过此表把握好沟通的原则，最后用适当的方式展开沟通。

1-8 模型汇总表（1）			
适用的对象	对应的类型	沟通的性质	沟通的原则
上级	①-⑤	正式场合中,自己是主导角色的常规的正式沟通	职业化的状态，正式的语言，积极主动地表达，参考上级的反馈推进沟通
	①-⑥	正式场合中,自己是主导角色的临时的正式沟通	职业化的状态，遵循职场的礼节，以上级当下的状态为基准推进沟通
	①-⑦	正式场合中,自己是从属角色的临时的正式沟通	职业化的状态，多听少说，以积极的语言回应，以上级的沟通节奏为主
	①-⑧	正式场合中,自己是从属角色的常规的正式沟通	职业化的状态，多听少说，以正式的语言积极回应，以上级的沟通节奏为主
	②-⑤	正式场合中,自己是主导角色的常规的非正式沟通	职业化的状态，以积极的语言主动表达，推进沟通的节奏以上级的反馈为基准
	②-⑥	正式场合中,自己是主导角色的临时的非正式沟通	职业化的状态，以上级当下的状态为基准推进沟通，并做出积极正面的回应

		1-8 模型汇总表（1）	
适用的对象	对应的类型	沟通的性质	沟通的原则
上级	②-⑦	正式场合中，自己是从属角色的临时的非正式沟通	职业化的状态，以上级的沟通节奏为主，多听少说，以积极的语言积极回应
	②-⑧	正式场合中，自己是从属角色的常规的非正式沟通	职业化的状态，以上级的沟通节奏为主，多听少说，以正式的语言积极回应
	③-⑤	非正式场合中，自己是主导角色的常规的非正式沟通	大方自然的半职业化状态，以积极的语言主动表达，推进沟通的节奏以上级的反馈为基准
	③-⑥	非正式场合中，自己是主导角色的临时的非正式沟通	大方自然的半职业化状态，以上级当下的状态为基准推进沟通，并做出积极正面的回应
	③-⑦	非正式场合中，自己是从属角色的临时的非正式沟通	大方自然的半职业化状态，以上级的沟通节奏为准，多听少说，以积极的语言正式回应
	③-⑧	非正式场合中，自己是从属角色的常规的非正式沟通	
	④-⑤	非正式场合中，自己是主导角色的常规的正式沟通	正式的语言，积极主动地表达，根据上级的反馈推进沟通

1-8 模型汇总表（1）			
适用的对象	对应的类型	沟通的性质	沟通的原则
上级	④-⑥	非正式场合中,自己是主导角色的临时的正式沟通	大方自然的半职业化状态，以上级当下的状态为基准推进沟通，遵守当下场合的礼节
	④-⑦	非正式场合中,自己是从属角色的临时的正式沟通	大方自然的半职业化状态，多听少说，以积极的语言正式回应，以上级的沟通节奏为准
	④-⑧	非正式场合中,自己是从属角色的常规的正式沟通	大方自然的半职业化状态，多听少说，以正式的语言积极回应，以上级的沟通节奏为准

与下级沟通：1个场景+2个行动

场景4：批评下属，用好"六字真言"

判断一个人的领导力强不强，方式之一是看这个人会不会批评下属。有些领导面对下属犯错误，只会咆哮式的沟通和管理。有些领导则更具智慧，能够把握好跟下属沟通的分寸，给下属留了情面也使其改进了工作。这两种人哪种更具有人格魅力呢？当然是第二种。

有人格魅力的领导，在和下属沟通的时候会考虑得比较周全：既关注事情本身，又关注下属的感受；不仅关注事情是否朝着有利的方向发展，还要维护和谐的工作氛围，顾全大局。尤其是批评下属的时候，他们考虑得更全面。这里分享一个行动准则，批评下属的"六字真言"——先批事，再评人。

这六个字道出了批评的先后和节奏。在大多数情况下，我们应该先批事，再评人。只有在极少数的情况下，节奏和侧重点可以反过来：先批人，再评事。批评别人最忌讳的就是不就事论事，只针对人，如果让对方感觉到你其实就是在针对他，那你们的沟通就很难有效地进行下去了。

不妨想一下，你会在什么情况下、在什么场景中批评下属。这里我们依然通过"1-8模型"对批评下属类沟通进行定性。

几乎可以肯定的是，批评下属是一种正式沟通，形式上可能没那么正式，但你希望对方能够明白你的意思，重视这次沟通，所以你肯定会以正式沟通的标准开启这次沟通。不过，在办公室等正式场合里沟通，和在咖啡厅等非正式场合沟通，还是有区别的，分别对应"1-8 模型"第一张图的类型①和类型④。

有些人可能会以为批评下属是临时沟通，因为批评多半不是提前安排好的，具有临时性。但实际上你在批评前是有足够的时间来思考和设计沟通方式的，所以可以认为每次批评前你都会思考和准备。同时，你应该把批评下属列为常规工作，才能有条不紊地处理各种突发情况。此外，批评下属时，不管是多说还是多听，都应该是这次沟通的主导角色，要把握好节奏。所以，批评下属类沟通对应"1-8 模型"第二张图的类型⑤。因此，我们把批评下属类沟通定性为①-⑤或者④-⑤类型。

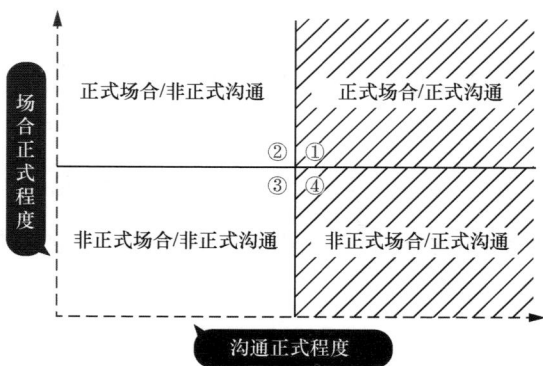

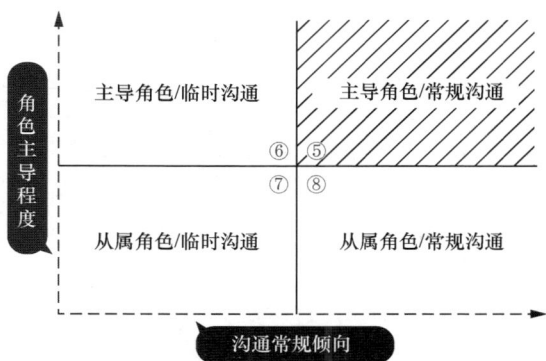

绝大多数情况下批评下属应该先批事，再评人。先说问题、错误，再说人和这件事的关系，应该承担什么责任，可以吸取什么教训、进行什么提升。这样的沟通模式适用于绝大多数的情况，也是多数下属能接受的。在这个行动训练中，你需要用两个公式：分寸感公式和说（shuō）服公式。

批评下属并不只是为了告诉对方他错了，还要让对方接受并改正。这个过程要把握好分寸，比如，你什么时候作为上级下指令，什么时候像平级一样平等协商。

举个例子，你是市场部总监，公司有一个项目，用于这个项目市场推广的宣发物料原定最晚于上午 11:30 前交给分管此事的副总。然而，到下午 1 点，你团队的张经理才把物料给你，这导致你也受到了领导的批评。如果此时你要批评张经理，请问你会怎么做呢？

你会选择哪个沟通场景呢？由于对方一直忙到中午，你可以和对方说："忙半天了，下楼一起吃个饭，休息一会儿。"餐厅是一个比较合适的场景，等两个人就座后，你再依照"绿红蓝黄"的结构开始沟通。

　　首先，你要心平气和地陈述对方延迟交物料前后发生的事情，只描述事实，不掺杂个人情绪。你可以说："张经理，物料我在下午1点15分的时候交给副总了，副总批评了我，因为耽误他那边的时间了。"（绿色关键词：接纳事实，客观陈述）

　　如果对方比较平静地听完你的陈述，或者询问你现在的情况，你可以再说："刚才被领导训惨了，不过我看了你给的物料，能看出来准备得很用心，美中不足就是交迟了，主要是什么原因呢？"也有可能对方第一时间心里不太接受你所说的，或者他自己有些情绪，这时你可以把个人感受表达成两个人的共同感受，用共情的方式来表达："我跟你说，刚才交物料时，我可能比你还要紧张。之前赶进度的时候，我都没敢催你，拿到物料，我一看做得这么好，我还跟领导解释了一下，结果还是挨了一顿骂。咱俩聊聊这个工作哪些环节可以再优化一下，争取不再出现这种情况了。"（红色关键词：带入情感色彩，认可对方优点）

　　这时，如果对方开始分析原因，你可以和他一起理性地分析。对方表达清楚后，你可以说："我觉得你刚才说的那两个原因是合理的，也说清楚了优化的空间和思路，就按你说的来吧。"如果对方没有积极回应和分析，你就先把沟通的焦点从事情上转移到他身上，先分析一下对方，再引导对方分析这件事。你可以说："张经理，做这件事咱们团队没有人比你更专业了，你得帮我梳理一下，以后怎么避免出现这种情况。按你的水平是不可能出现这次的情况的，我觉得一定有另外的原因。这次事情已经这样了，我们就不要感到纠结了，重点是以后让团队不再出现类似的情况，你觉得呢？"可见，分析的时候，重点是把焦点放到事情上，但如果对方的状态不对，就先把沟通的焦点放到对方身上，帮对方恢复好状态，再把焦点放回事情上。（蓝色关键词：理性分析，量化内容）

最后，除了在态度上与对方达成共识外，还要就工作改进的预期取得一致，让对方清楚你们即将面对的任务，你可以说："咱俩先吃着，等一下副总那边的消息，他说一个小时后给我反馈。如果一会儿挨批评，咱俩就一起面对。不管怎样，刚才你说的那两点麻烦通过信息发给我，以后咱俩就以这个为准。未来咱俩在工作中都要提高对自己的要求。"（黄色关键词：共识要有行为，行为要有指令）

行动34：①-⑤和④-⑤类型的强化（结合分寸感公式）

基于①-⑤和④-⑤类型的沟通技巧完成一次批评下属的训练。通过分寸感公式，把握好沟通过程中领导和同事的身份，通过"绿红蓝黄"的结构以平稳的情绪与对方沟通。沟通过程中要牢记六字真言"先批事，再评人"，看看对方能不能心平气和地接受你的批评，并承诺改进。

行动35：①-⑤和④-⑤类型的强化（结合四原色公式）

基于①-⑤和④-⑤类型的沟通技巧，针对特殊情况下的沟通进行一次训练：将"六字真言"反过来——先批人，再评事。使用这种沟通方式可以让对方知道事态的严重性，使对方正视他的责任并深刻反省。在这种情况下，你要先表达出自己的情绪，然后明确要求对方接受指令，没有商量的余地。所以，要选择"红蓝绿黄"结构进行沟通。这种沟通更适合在正式的场合，比如你的办公室进行。

首先，你要让对方正视这件事态的严重性，你可以直接说："张经理，你来我办公室。"对方到了之后，你也可以施加压力："你先别坐，我们先聊一下你是怎么回事。"等对方意识到严重性后，你再说："我跟你说，我现在非常生气。原因很简单，我们上次会议中说好了今天上午 11:30 前交物料，我早上问你顺利吗，你还告诉我顺利，现在，副总和客户约定的时间已经错过了。"（红色关键词：表达情绪，引起重视）

说完之后，无论对方态度是好还是不好，你都可以继续说："接下来我们可能会面对两种情况，一种是客户不合作了，那么咱们的项目怎么收尾；一种是合作继续，但丢掉的信誉怎么找回来。我想听听你是怎么想的。"（蓝色关键词：逻辑清晰，重点明确）

等对方表达了想法之后，你可以说："事情目前已经这样了，我们就等一下副总的消息吧。做好两方面的准备，你刚才的思路和想法是可行的，就按照你说的来。"（绿色关键词：接纳事实，理解对方）

最后，给出一个明确的指令："你务必先做好两手准备，等副总给我消息了，我再通知你。你先回吧。"

至此你通过两个行动训练加深了对与下属沟通的方式的理解，通过下面的"1-8 模型汇总表（2）"，你可以举一反三。无论遇到什

么情况，首先要给沟通定性，然后可以根据此表中列出的原则，用
适当的方式展开沟通。

1-8 模型汇总表（2）			
适用的对象	对应的类型	沟通的性质	沟通的原则
下级	①-⑤	正式场合中，自己是主导角色的常规的正式沟通	职业化的状态，以正式的语言推进沟通，做出核心决策或引导下属达成共识
	①-⑥	正式场合中，自己是主导角色的临时的正式沟通	职业化的状态，遵循职场的礼节，把握沟通节奏，做出核心决策或与下属达成共识
	①-⑦	正式场合中，自己是从属角色的临时的正式沟通	职业化的状态，多听少说，巧妙回应，把握沟通节奏，做出核心决策
	①-⑧	正式场合中，自己是从属角色的常规的正式沟通	职业化的状态，多听少说，正面回应，把握沟通节奏，做出核心决策
	②-⑤	正式场合中，自己是主导角色的常规的非正式沟通	职业化的状态，以巧妙的语言把握沟通节奏，达成共识
	②-⑥	正式场合中，自己是主导角色的临时的非正式沟通	职业化的状态，遵循职场的礼节，把握沟通节奏，达成共识
	②-⑦	正式场合中，自己是从属角色的临时的非正式沟通	职业化的状态，多听少说，巧妙回应，把握沟通节奏，达成共识
	②-⑧	正式场合中，自己是从属角色的常规的非正式沟通	职业化的状态，多听少说，正面回应，把握沟通节奏，达成共识

		1-8 模型汇总表（2）	
适用的对象	对应的类型	沟通的性质	沟通的原则
下级	③-⑤	非正式场合中，自己是主导角色的常规的非正式沟通	休闲的状态，以巧妙的语言把握沟通节奏，与下属达成共识
	③-⑥	非正式场合中，自己是主导角色的临时的非正式沟通	休闲的状态，遵守当下场合的礼节，把握沟通节奏，与下属达成共识
	③-⑦	非正式场合中，自己是从属角色的临时的非正式沟通	休闲的状态，多听少说，巧妙回应，把握沟通节奏，达成共识
	③-⑧	非正式场合中，自己是从属角色的常规的非正式沟通	休闲的状态，多听少说，正面回应，把握沟通节奏，达成共识
	④-⑤	非正式场合中，自己是主导角色的常规的正式沟通	休闲的状态，以巧妙的语言推进沟通，做出核心决策或引导下属达成共识
	④-⑥	非正式场合中，自己是主导角色的临时的正式沟通	休闲的状态，遵守当下场合的礼节，把握沟通节奏，做出核心决策或与下属达成共识
	④-⑦	非正式场合中，自己是从属角色的临时的正式沟通	休闲的状态，多听少说，巧妙回应，把握沟通节奏，做出核心决策
	④-⑧	非正式场合中，自己是从属角色的常规的正式沟通	休闲的状态，多听少说，正面回应，把握沟通节奏，做出核心决策

与平级沟通：1 个场景+3 个行动

场景 5：跨部门沟通，记住两个"不要跨"

在职场中，平级沟通主要分为跨部门和跨项目的平级沟通。平级沟通与上下级沟通不同，上下级沟通往往可以是点对点的沟通，牵涉面不大；平级沟通虽然形式上也是你和另一个人点对点的沟通，但实际上往往会涉及两个部门或者项目，是典型的"H 形"沟通。如下图所示，H 表示跨部门沟通模式的简化模型。跨部门沟通的核心关系，首先是 H 中间的一横，代表的是连接垂直部门和跨部门的中层协调者，当然，这一横也可以连接高层决策者或者基层执行者；其次是各部门不同角色之间的关系。所有的跨部门沟通和关系，都可以基于这个模型来处理。

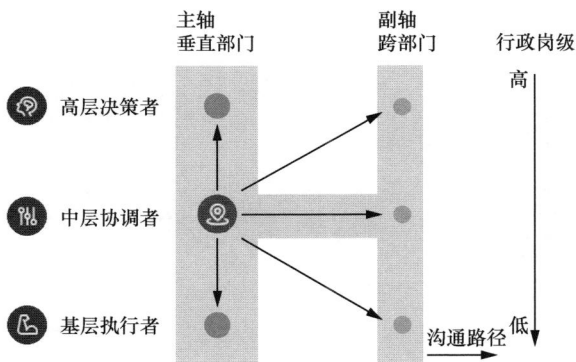

作为一名中层管理者，跨部门或者跨项目沟通时，你很有可能面对的是 6 个或更多人组成的关系。所以，与平级沟通的忌讳也多

一些，尤其要注意两个"不要跨"：**不要跨节点协商、不要跨层级决策**。每个人都有自己的岗位责任和权限，不要轻易冒犯别人。

在进行跨部门沟通时，可以运用以下公式。

跨部门沟通≈点对点沟通+H 形关系

跨部门沟通其实是由两个部分组成的：首先是你和平级同事之间点对点的沟通，其次是与你们涉及的其他同事的沟通。基于跨部门沟通的特点，我们先通过"1-8 模型"给平级沟通定性。

工作中的跨部门沟通属于正式沟通，真实的沟通场景可以是正式的，也可以是非正式的，对应"1-8 模型"第一张图中的类型①或类型④。与批评下属类的沟通一样的是，平级沟通属于常规沟通，你可以是主导角色也可以是从属角色，在"1-8 模型"第二张图中对应类型⑤或者类型⑧。综上所述，跨部门沟通属于①-⑤、①-⑧、④-⑤、④-⑧类型的沟通。你可以在这 4 类沟通中选择 3 类进行训练。

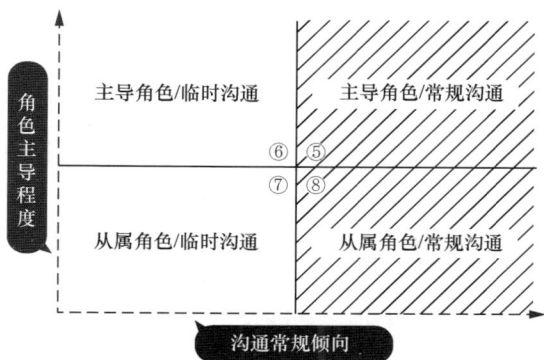

（图中文字）

角色主导程度

主导角色/临时沟通　主导角色/常规沟通

⑥ ⑤
⑦ ⑧

从属角色/临时沟通　从属角色/常规沟通

沟通常规倾向

行动36：①-⑤类型的强化（结合赞美公式和四原色公式）

基于①-⑤类型的沟通技巧，参考跨部门沟通的两个要点——点对点沟通和 H 形关系，完成一次正式场合的跨部门沟通。这次沟通的目的是求助其他部门平级同事的下属，请他帮忙完成你所在部门的一项工作。你需要进行两次沟通。

1. 选择会议室等正式场合，先与其他部门的平级同事沟通，通过赞美公式和说服公式，向其寻求帮助。

2. 与平级同事的下属协商工作，并以平级同事为"镜子"进行曲线赞美。

行动37：④-⑤类型的强化（结合赞美公式和四原色公式）

基于④-⑤类型的沟通技巧，参考跨部门沟通的两个要点——点对点沟通和 H 形关系，完成一次非正式场合的跨部门沟通。这次沟通的目的是求助其他部门平级同事的上级，请他安排平级同事协助你所在的部门完成一项工作。你需要进行两次沟通。

1. 选择活动室、团建场所，或者趁吃饭的时候，先与其他部门的平级同事沟通，通过赞美公式和说服公式，说（shuō）服他支持你的工作。

2. 向平级同事的上级汇报工作，并以你所在部门的领导为"镜子"，对这位上级进行曲线赞美，以获得对方的支持。

行动 38：①-⑧类型的强化（结合 H 模型）

基于①-⑧类型和 H 形沟通的技巧尝试拒绝一次其他部门的同事。其他部门的同事请求你支持他们的一项工作，但你认为目前你无法提供帮助，你需要通过三次沟通完成拒绝。

1. 同事向你表达完需求之后，先不要表态，但要向对方说明："张总，刚才说的工作我清楚了，下午给您回复，可以吗？"

2. 找到你的领导说明同事的需求，先听一下领导的意见。无论领导怎么表态，你都可以说："领导，刚才我梳理了一下我的工作，现在我手上都是紧急且重要的事情，我内心是想帮他的，但我担心耽误了手上工作的进度。我先和他说明一下情况，看可不可以延后一段时间，如果他急需支持，我就让他直接跟您请示，可以吗？"说完这些，你的领导就明白你的意思了，得到领导的指示你就可以再去和同事沟通了。

3. 找到请求你支持的同事，向对方表明："你刚才说的事情，我跟领导请示了一下，领导认为我目前的工作很紧迫，不建议我现在做额外的工作，你的这个事情，可不可以延缓几天，我先集中精力把现在的工作做完，做完后优先支持你，你得空也向我领导请示一下，可以吗？"

至此你通过 3 个行动训练加深了对跨部门沟通方式的理解，通过下面的"1-8 模型汇总表（3）"，你可以举一反三。无论遇到什么情况，首先要给沟通定性，然后根据此表中所列的原则，用适当的方式处理沟通。

1-8 模型汇总表（3）			
适用的对象	对应的类型	沟通的性质	沟通的原则
平级	①-⑤	正式场合中，自己是主导角色的常规的正式沟通	职业化的状态，以正式的语言推进沟通，把握沟通节奏，达成共识或做出决策
	①-⑥	正式场合中，自己是主导角色的临时的正式沟通	职业化的状态，遵循职场的礼节，以对方当下的状态为基准推进沟通，达成共识
	①-⑦	正式场合中，自己是从属角色的临时的正式沟通	职业化的状态，多听少说，以积极的语言正式回应
	①-⑧	正式场合中，自己是从属角色的常规的正式沟通	职业化的状态，多听少说，以正式的语言积极回应，达成共识
	②-⑤	正式场合中，自己是主导角色的常规的非正式沟通	职业化的状态，以尊重彼此为基础，积极推进沟通，达成共识
	②-⑥	正式场合中，自己是主导角色的临时的非正式沟通	职业化的状态，遵循职场的礼节，把握沟通节奏，达成共识
	②-⑦	正式场合中，自己是从属角色的临时的非正式沟通	职业化的状态，以对方的沟通节奏为主，多听少说，积极回应

适用的对象	对应的类型	沟通的性质	沟通的原则
平级	②-⑧	正式场合中，自己是从属角色的常规的非正式沟通	职业化的状态，以对方的沟通节奏为主，多听少说，积极回应，达成共识
	③-⑤	非正式场合中，自己是主导角色的常规的非正式沟通	休闲的状态，以尊重彼此为基础，积极推进沟通，达成共识
	③-⑥	非正式场合中，自己是主导角色的临时的非正式沟通	休闲的状态，遵循职场的礼节，把握沟通节奏，达成共识
	③-⑦	非正式场合中，自己是从属角色的临时的非正式沟通	休闲的状态，以对方的沟通节奏为主，多听少说，积极回应
	③-⑧	非正式场合中，自己是从属角色的常规的非正式沟通	休闲的状态，以对方的沟通节奏为主，多听少说，积极回应，达成共识
	④-⑤	非正式场合中，自己是主导角色的常规的正式沟通	休闲的状态，以巧妙的语言推进沟通，把握沟通节奏，与对方协商
	④-⑥	非正式场合中，自己是主导角色的临时的正式沟通	休闲的状态，遵守当下场合的礼节，以对方当下的状态为基准推进沟通，达成共识
	④-⑦	非正式场合中，自己是从属角色的临时的正式沟通	休闲的状态，多听少说，以积极的语言正式回应
	④-⑧	非正式场合中，自己是从属角色的常规的正式沟通	休闲的状态，多听少说，以正式的语言积极回应，达成共识

1-8 模型汇总表（3）

与客户沟通的六个核心模块：1个场景+4个行动

如何处理好与客户的关系？如何跟客户进行良好的沟通？这是很多人面对的问题。开发新客户和维护客户关系都是很费神的事情。多年的经验告诉我，如果沟通水平足够高，事情就会变得容易很多。

与客户的沟通，通常可以按与客户的关系分为两种：一种是相对生分的关系，另一种是相对熟络的关系。这种生分与熟络是相对的，边界要靠自己把握。有些学员在学习了一些销售和客户拓展的课程后，沟通容易程序化，显得生硬、刻板，导致和客户沟通的效果并不好。实际上在与客户沟通的过程当中，因为合作所处阶段、人的性格、沟通目的等不同，沟通的结构和节奏会有所不同。

与客户沟通，掌握沟通结构或者模式固然重要，但如果能把握好分寸，则沟通如虎添翼。这里分享一幅图，包含与客户沟通的 6 个核心模块，你可以用来更好地与客户进行沟通。

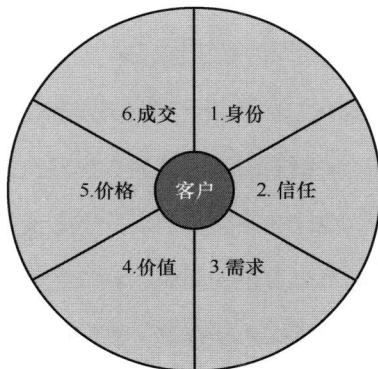

这幅图一共有 7 个部分，客户在最中间，表示以客户为中心——所有与客户的沟通，都要围绕客户的心理进行。所以这幅图也叫作客户心轮图，画的是以客户的心理状态和感受为中心的一个圆盘。这个圆盘的外围一共分为 6 个部分，分别对应 6 个模块，从右上角开始按顺时针方向依次是身份、信任、需求、价值、价格和成交。

第一个模块，身份。在商务沟通中，身份感是非常重要的，这是沟通的第一个环节。在这个环节中，你要明确两个信息：一个是客户的职位及其代表的职业身份，另一个是他与你的身份关系，即你们的沟通是平级之间的还是下级跟上级之间的。甲方乙方和主动被动要先弄清楚，如果你足够了解对方的身份，也清楚你们的身份关系，那与客户进行良性沟通的基础就有了。

第二个模块，信任。与客户的关系还比较生分的时候，建立信任关系是非常关键的一环，所有良性沟通和合作的基础都是互相信任。能够让客户感受到你的信任，是这个模块沟通的关键。在这个模块的沟通中，应该注意自己的形象，不要忽略商务礼仪、敬语、尊称、行为细节等，要给对方留下良好的第一印象。

第三个模块，需求。俗话说，不打无准备之仗。知道对方的需求，包括潜在需求、情绪需求等，是建立良好沟通的基础之一。有的客户知道自己要解决什么问题，但不一定知道通过什么方式；有的客户并不一定知道自己真正的需求，我们就要和客户用同样的视角帮助他明确需求、挖掘需求。在这个模块中，沟通的重点是"晓之以理，动之以情"。让客户在感性层面和理性层面都明确需求，就可以让信任度进一步增加。

第四个模块，价值。你要向客户表达你能够满足他的需求，这就是价值。在沟通中你要用清晰有力的语言明确告知对方，你能通过什么样的方法满足他的需求，体现你的价值。在这个模块中，让对方快速接受自己，确认你的价值是沟通的重点。能够说服对方是商务沟通中最关键的能力之一。

第五个模块，价格。其实价格和价值是一物两面，明确了你的价值后，就要解决如何交易以及交易筹码的问题，这两个问题就涉及价格。如果你能提供除了基本需求的其他需求的价值，那么你的价格就可以含有附加值或者溢价。在价格商定的过程中，照顾对方的情绪看似不那么重要，但实际上是一个让客户敲定价格的非常重要的因素——价值的确认是理性的，价格的敲定往往是感性的。在这个模块，要给予客户足够的尊重、尊敬以及足够的便利和配套服务，这样对方就会更容易接受你给出的价格。

第六个模块，成交。整个沟通的最后一个模块是成交，代表契约关系的确认。在这里要注意两件事情：第一，要让成交合意、明确、合理、合规、合法且快速；第二，在成交之后，要给对方留下再次合作或者为你介绍客户的可能性。通过这次成交，可以重新定义你们的身份关系，以便以后继续合作。一回生，二回熟，当你们再次合作的时候关系就不那么生分了，你们可能彼此已经很熟悉，这涉及与客户沟通中关系边界的把握。

跟客户初次合作的时候，建立身份感和信任关系是非常必要的。

当你们之间已经非常熟悉之后，沟通就可以直接从第三个模块——需求开始了。

需要再次说明的是，与相对陌生的客户沟通时，前 4 个模块是比较重要的；首次沟通或谈判未必一定直接走到成交，但要留下继续沟通或谈判的空间。

场景 6：与客户初次面谈时，没思路怎么办

拜访客户或者接待客户，是职场人士的日常工作。无论有多少年的工作经验，你总会面对新的客户，与客户初次面谈时要注意什么，自然是最受关注的问题之一。

与客户会面通常有三种场景。第一种，你的"主场"。对于你特别想掌握主动权的沟通，你可以邀请对方到你的公司——在熟悉的环境中，你会更自如。第二种，对方的主场。出于社交礼节，一般来说，在这种场景的沟通你可以给对方带伴手礼，并且不要迟到，最好能提前 10 分钟左右到——你可以提前熟悉环境，缓解初次沟通可能存在的紧张。第三种，第三方地点。如果沟通需要相对商务一些的环境，可选择第三方地点，如咖啡厅、餐厅等，你要保持基本的商务礼仪，最好提前 10 分钟左右到场，切忌迟到让对方久等。

与客户心轮中的前四个模块对应，与客户初次面谈时，要注意四个方面。

第一个，身份感。在与客户初次面谈前，要确认客户的相关信息，尤其是职位信息和准确的姓名，这两点非常重要，切记。除此之外，尽可能快速了解对方公司的组织架构、主营业务、竞争对手等信息，知己知彼才是良好沟通的前提。准备工作做得充足，让对方感受到你的尊重，对方大概率会重视这次合作。

第二个，建立信任关系。 深度信任的建立可能是一个漫长的过程，但初次与客户面谈时，你并不需要寻求建立深度的信任关系，而要把重点放在业务介绍和展示专业性上。让客户了解你是谁，你的工作内容是什么，以及你的产品或提供的服务是什么。

介绍业务时，你的语言要有亲和力，要能从对方的角度出发谈你们的合作，切忌自说自话去证明自己，能设身处地为客户着想的表达才有吸引力。无论你的职位是什么，谈吐大方、从容，是吸引对方最有效的方式之一。

另外，说话切忌过于客套或者过于热情，这可能会让客户对你产生错误的判断，你说话好和你好说话是两回事。如果客户感觉你很好说话，那后续对你来说，沟通的难度会变大。初次见面时应该以真诚、彼此尊重及职业化的态度对待客户，哪怕你对客户有好感，也要保持商务礼仪，不卑不亢、张弛有度。以后跟客户熟悉了，可以按照实际情况把握分寸。

展示专业性，意味着你要对业务有足够的了解，面对客户提问能对答如流。否则无论你使用什么样的说法，客户对你的信任都会大打折扣。

第三个，明确需求。 与客户沟通你要时刻记住自己的目的就是提供产品或服务满足客户的需求。如果没有明确客户的需求，沟通就是无效的。同时，客户描述需求时，尽量不要打断对方，让客户连续地表达，有助于你明确对方的需求。

如何明确对方的需求呢？通过询问来捕捉客户的痛点，并和客户口头确认。询问时尽可能不要引导客户，因为有时客户自己也并不完全知道自己的问题出在哪里，你要通过询问帮助客户确认痛点，这恰恰是你专业性的体现。捕捉到客户的痛点后，就要明确客户的需求。需要注意的是，与明确痛点相反，明确需求时最好可以通过沟通引导客户表达内心想法。

第四个，展现价值。要通过表达让对方认可你的价值——不要急于证明，更不要吹嘘和过度承诺，而要以客户的期望值为标准阐述你的价值。

如果不清楚客户的期望值，就先引导对方描述。比如，对方想买人体工学椅，描述的语言是"我希望坐两三个小时后，腰一点都不酸胀"，你就可以把你提供的价值和对方的这种期待联系起来，你可以说："我们这款椅子的核心功能就是保护腰部，它有一个腰托而且有上下八厘米的可调范围，之前的客户反馈上班时坐一上午腰都不会酸。您以后坐这把椅子，基本不用过分担心腰肌劳损的问题了。"

管理好客户的期望值，最好是让对方期待你的价值承诺，但你不能做出难以兑现的承诺。这个分寸把握住了，你才能给自己后续提供超预期的服务和价值留出空间。

行动39：为第一次沟通做准备

在与新客户面谈前，记住客户的主要信息，包括姓名、职位，客户公司的组织架构、主营业务、主要竞争对手等，并完成一遍默写。

基于你们的身份关系，设想一下沟通时可能会用到的谦辞。通过训练，让自己养成在每次沟通先思考再说话的习惯。

行动 40：一次充分体现你的专业素养的沟通

要体现专业，就至少要做到两个方面。

（1）能充分介绍产品或服务，面对提问可以对答如流。

（2）让对方感受到你的亲和力，你的状态要自然、放松，保持微笑。

行动 41：完成客户需求的确认

请记住：如果没有明确客户的需求，沟通就是无效的。要找到"痛点—明确需求—量化需求"的路径。确认客户需求的过程中，要注意以下几个方面。

（1）尽量不要打断客户说话，让其表达连续、清晰，你在此时需要默默记下一些关键信息。

（2）待客户说完，如果你不太确定自己真的记下了关键信息，需要和客户口头确认。

（3）如果客户并不能表达出需求，你要结合自己的产品或服务，专业而巧妙地引导。

行动 42：引导客户的期待

在确认了客户的需求后，你就可以结合自己的产品或服务与客户产生进一步的链接，这种链接的结果就是让客户对自己从你这里能够得到什么产生期待。

请在这次行动中主动说出对方的期待，并描绘合作的前景。需要注意以下几点。

（1）最好用语言给对方画面感，使对方更容易代入。

（2）要引导对方表达期待得到满足后的感受。

（3）最关键的是，不要急于证明自己的想法，不要脱离现实和过度承诺，你描绘的合作前景是以客户的期望值为标准的。这一点非常重要。

与客户建立信任关系的五个关键点：3 个行动

有学员问我"客户不信任我怎么办"这类问题时，我往往会反问"你觉得客户跟你'一见钟情'吗"，有趣的是，学员听了往往会心一笑。

与客户"一见钟情"的概率是非常低的。认清这个现实，才能摆正处理与客户的关系时的心态。**"身份感"**和**"专业性"**给客户留下初步的好印象的关键，也是与客户建立信任关系的开始。除了这两点要和客户建立深度的信任关系，还要让客户能从你这里得到"好感""安全感"和"附加值"。这三点同样是客户建立信任关系的关键。

第一个，好感。要让客户对你有好感，除了基本的职业表现之外，还要做到两点：一点是让客户对你这个人有所感知，比如你的不卑不亢、谦逊、处事的积极姿态，以及幽默风趣等；另一点是讨喜，这是带着一定程度的迎合的，说对方爱听的话、聊对方感兴趣的话题，客户才会把精力和时间给你。人终究是感性的，能积极和你互动，就是深度信任的基础。

第二个，安全感。如果你让客户预见到合作的风险大，信任关系自然就难以建立。除此之外，人们常说的"给面子"其实也可以给予客户一种安全感——客户能借此感受到你关注、重视。所以你要保持对客户的尊重，说话时多抬举客户，不要开不合时宜的玩笑。威胁的话最好别说，尽管在特定的场合是有用的，但会给后续的合作留下隐患。

第三个，附加值。附加值是指让客户觉得收获超过预期的溢出价值。这不仅体现在合作的业务内容上，也体现在沟通过程的细节中。比如，客户到你的公司拜访，你在办公室等和到门口迎接，是有区别的。客户离开时你待在办公室和送到电梯口或者车上，也是有区别的。再比如，合作基本敲定后，你给予超出客户预期的承诺。无论如何，重点是给予附加的价值，即不在客户期待中的价值。

人与人之间的信任，可以脆弱不堪，也可以牢不可破。与客户的关系其实并不只有利益交换，利益交换之外一定还有附加值。与客户打交道的过程，也是一个不断加深信任的过程，你只要在沟通中把握好这五个关键点——身份感、专业性、好感、安全感和附加值，你就可以赢得客户的信任。

行动43：通过沟通赢得客户的好感

赢得客户好感的一种方式是"讨喜"。这里的讨喜，是指投其所好，听起来似乎简单，但有几点是必须要注意的。

（1）全程使用积极、正面的语言。

（2）冷静地分析客户的表述，适时地说出对方爱听的话，带出对方感兴趣的话题。

（3）讨喜要自然，不要显得刻意，不要让对方觉得你是拍马屁，更不要让对方觉得是谄媚，这非常关键，做得不好会适得其反。

行动44：恰如其分地让客户觉得你"给面子"

"给面子"是一种让客户觉得受到关注、得到重视的方式，你要在恰当的场景、时机中给，要在适当的范围内给。在有第三人或者更多人的时候，巧妙地使用曲线赞美的方式赞美客户引以为傲的点。给足客户面子，也是增加客户对你的信任的途径。

需要注意的是，"给面子"要顺水推舟，看准时机，面子要给得恰到好处。如果要通过自己承诺某事的方式给面子，一定不要超出自己的能力范围。

行动45：在沟通中让客户感觉超出预期

在沟通中让客户觉得超出预期，最好是事先别让客户察觉，这样效果最好。你可以在和客户达成合作后，再向客户承诺一项额外的服务，可以是价格上给予的优惠，也可以是送一件你精心挑选的礼物，甚至可以只是在适当的日子送上祝福。

"超出预期"尽可能做到在对方的意料之外，越让对方感到意外，效果往往越好。

像顾问一样与客户进行沟通，摸清需求：4个行动

客户一定知道自己需要的是什么吗？答案是否定的。

举个例子，一个人发高烧、频繁咳嗽，当他去医院看病的时候，他知道自己需要的是什么？你可能会说他知道呀，他要退烧，把咳嗽治好。但这只是一种感性的表达，具体该如何实现？用哪种药最合适？用什么治疗方案？这时，病人还知道自己需要什么吗？实际上，病人不需要自己什么都清楚，因为医院有专业的医生。

同样的道理，客户很多时候是不知道自己的需求的，需要你来当他的"医生"，做他的顾问。

只有明确客户的真实需求，才能更好地服务客户。真实需求有表面的需求和潜在的需求，给客户做顾问的过程，就是持续从表面需求向潜在需求挖掘，并给出解决方案的过程。这是挖掘潜在需求最高效的方式，在**做顾问式沟通时要注意五个关键点**。

第一，探索问题。在信任关系建立的基础上，你就可以和客户直面一些基本问题了，比如客户更深层的信息、目前的感受、面对的痛点，以及存在的隐患等。在探索问题时，要注意尽可能用引导性的、开放性的语言让客户主动地充分表达，比如，"面对现在的情况，你感觉如何""你觉得按现在的思路，接下来可能会面对什么困难"，等等。

探索问题时你的角色是引导者和倾听者，要把握好这种角色下的沟通状态。

第二，**转换问题**。如果要深度挖掘客户的需求，就要会转换问题。转换问题不是逃避问题，而是换层面和角度去看待问题。在进行问题转换的沟通时，要和客户一起分析，在这个过程中捕捉客户真正的需求，而不是你直接转换看问题的层面和视角。

第三，**跨越障碍**。障碍可以跨越也可以消除，在和客户就需求达成共识后，要分析满足需求面对的障碍，是人力、财力，还是心理方面等。这个环节同样需要和客户一起分析，帮助客户找出哪些障碍是要面对的，哪些是可以绕过的。

第四，**有效建议**。在这个环节，你需要积极主动、专业、高效地向客户提出建议，关键是晓之以理、动之以情，要做到逻辑清晰、因果关系明确，建议切实周到。提出建议要以客户为中心，站在客户的角度用体现同理心的语言来表达，切忌自说自话，纸上谈兵。这个环节最能体现你的专业程度，以及你是否能真正替客户着想，做好这两点，离成交就不远了。

第五，**达成共识**。这个共识，是与客户对需求和解决方案达成的共识，而不是成交的共识。这个环节的沟通关键是让客户清楚地知道，他的需求是可以被满足的，而且方案可以有多种，这时你要以顾问的身份帮助客户选择一种符合对方实际情况和利益的最优方案。

知己知彼，百战不殆，懂客户才能更好地服务客户。如果你想深度挖掘客户的需求，沟通时着重把握好这五点。如果你能以顾问的身份完成沟通，那么你就很清楚客户的需求，在后面的沟通中，就可以展现你的价值了。

行动 46：与客户一起探索问题

客户并非一定知道自己需要什么，你需要结合自身的专业知识与客户的表达，跟客户一起就其面临的问题进行探索。这个过程你需要用你的专业性去做好引导。

需要注意的一点是，整个过程中，其实你完全是以引导者和倾听者的角色参与的，不要喧宾夺主，要做到只倾听、引导，不打断。

行动 47：对客户的问题进行转换

转换问题，是挖掘深层需求的基础。你要有专业角度的思考，并给出合适的看待问题的新角度，而且要只点出角度，不要主动做过多的分析。

这个沟通关键在于，在过程中要体现你和客户在共同分析，但你不能代替客户说出本应由客户表达的内容，一定要克制自己在专业角度的表达欲望。

行动 48：就客户的需求与之达成共识

通过探索问题和转换问题，客户的需求其实你已经了然于胸，但仍然需要跟客户确认，才是真正的就需求达成共识。需要注意以下两点。

（1）注重分析难点和提供有效建议，从而与客户就解决方案或思路达成共识，沟通时引导客户亲口说出"这方案可行"。

（2）要在沟通中用语言表现你逻辑清晰、严谨、专业。

行动 49：只用一个价值点进行成交沟通

显然，完成这个行动的关键在于一定要清楚地知道客户最看重的需求，以及你能提供的与之匹配的价值。这里需要注意以下两点。

（1）对自己的产品或服务要非常熟悉，知晓每个卖点，也要清楚不足之处。

（2）留意客户的表述、行为，冷静分析产品或服务最能打动对方的卖点是哪个。

成交的三个关键沟通：2 个行动

确认成交最清晰、直接的行为是支付。但支付并不完全等于成交，支付只是成交的一个环节。很多人以为支付就是成交，这种看法会破坏真正的成交。

真正的成交包括价值感、价格承诺和支付。这三个方面是成交环节沟通的基准。

价值感：先给客户价值感，再给客户价值。很多销售陪客户聊了很久，"临门一脚"却无法完成，原因大概率在于客户没有价值感。经验不足的销售最容易犯的错误之一，就是一味地向客户介绍产品，全方位地呈现价值。这在成交沟通环节中是忌讳。这里的价值感不是针对产品本身而言的，而是针对客户而言的，也就是要让客户感觉到产品很有价值。没有一种产品可以全方位满足目标客户的所有需求，成交环节的沟通关键在于"满足客户的口味"。产品的价值和卖点有很多，但客户最喜欢的口味可能只有一种，满足这个口味就会让对方有价值感。

比如，你的客户不是特别在意金钱得失，而是更在乎时间的宝贵。你在进行成交沟通时就不要反复说你可以为他节约多少钱，这不会使客户产生价值感。如果你强调产品对效率的改进，可能客户就会觉得你的产品有价值。

切记，价值是个相对的概念。记住产品或服务的各种价值点，在做成交沟通时用不同的价值点和不同的客户需求进行关联。

价格承诺：价格承诺就是客户的成交决策。如果你的价值呈现是成功的，客户有了价值感，接下来就是沟通时最关键的动作——识别成交信号。老话说"挑理的才是买家"，说的就是识别成交信号。只要客户有成交意愿，就一定会有意无意地释放出成交信号。

比如，你的产品价格有谈判空间，客户开始咨询细节或者挑毛病时，很可能就是一种成交信号，所以成交沟通是否成功的前提就是你是否能准确识别成交信号。

抓住成交信号，然后促成交易。这个过程的关键是给予客户获得感——客户感觉超值或者赚到了。这种感觉是你给的，进行成交沟通时你的手上最好还能握几张底牌，当客户已经有明确的成交意向的时候，你再把优惠告知对方，客户多半就会产生获得感，这个时机也是做价格承诺的最好时机——敲定价格，并且最好能够把握一个原则：可加价，不降价，即可以增加附加值，不要降低成交价。因为成交价是相对刚性的，附加值是有弹性的。

支付：支付使这次的整个沟通过程形成闭环，但下一次沟通还有支付才是真正的成交。要通过这次的支付完成闭环，同时开启下一次支付的可能。

有了这个意识后，在支付环节要注意三点：

（1）对客户表达感谢或者祝福；

（2）说清楚后续的服务内容和附加价值；

（3）表达对与客户继续合作的期待。

每次客户支付后，要通过沟通让客户对你的印象一直是美好的，你大概率会成为客户以后的优先选择。不要在最后的环节将可以持续成交的客户变成你只做一锤子买卖的过客。

总结一下，做成交沟通绝对不是让客户交钱就完事儿这么简单，牢记成交沟通时要给客户三种感觉：价值感、获得感和身份感。

行动 50：主动推进价格承诺

多进行这样的沟通，可以让自己捕捉成交信号的能力得到提升。清楚地抓住客户释放的成交信号，进一步明确客户的成交意向，然后向对方提供附加值。

这里需要注意的是，可以增加提供的附加值，但不要降低成交的价格。

行动 51：完成一次完整的支付环节的沟通

不要把支付当成终点，而要当成另一个起点。这样才能做好完整的支付环节的沟通。

支付环节的完整沟通包含表达感谢或祝福、对后续服务或附加值的说明，以及对再次合作的期待这三个方面。过程中注意观察，留意客户是否会再次跟你合作，或者会为你介绍别的客户。

二、家庭场景

爱的 2 个行动

　　家人之间需要的是真诚，但不是过于真诚。论重要性，沟通技巧是远远比不上真诚的，但技巧可以让你的真诚不会显得那么"过于"。

　　读懂了上面这段话，就能把握好处理家庭关系的关键因素了。家庭中的任何关系，亲密关系也好，亲子关系也好，婆媳关系也罢，如果想处理好，都需要关注三个关键因素：真诚、独立身份和分寸感。

　　真诚。真诚是和睦家庭关系的底色。真诚是常态，沟通技巧只是偶尔使用。

　　独立身份。这其实是两个词，"独立"和"身份"。家庭关系好的前提之一是独立，而且相对独立是分寸感的前提。你要把每个家庭成员都当作独立的个体来看待，每个家庭成员都有自己的性格和意志。并且，每个人在家庭中都有特定的身份，它不像职场中的身份，今天叫"老李"，明天叫"李老"，总在变化；家庭身份是不会变的，爸妈就是爸妈，儿女就是儿女，夫妻就是夫妻，特定的身份代表了这个人在家庭中特定的核心价值。每个角色都有在家庭中的核心价值，好好体现这种核心价值，是家庭和睦的前提之一。

家庭关系处理的核心问题，其实就是"拥有特定身份的这个人是否独立，是否体现了他在家庭中的核心价值"。

分寸感。在我服务过的家庭关系有问题的学员中，几乎百分之百存在分寸感的问题。家庭成员之间的矛盾，大多是分寸感掌握不好引发的：一种情况是没有确立边界，另一种情况是没有遵守约定的边界。

把握了家庭关系的三个关键因素后，我们可以借用职场沟通的"1-8模型"来为家庭中的沟通定性。

家是爱的港湾，是滋养我们身心的地方。家是非正式场合，家人之间交流多数属于非正式沟通，不必拘于形式，也不会有那么功利的目的，在"1-8模型"第一张图中对应类型③。

在"1-8模型"第二张图中寻找对应关系很简单，谁提供核心价值，谁就是当前沟通的主导角色，该听父母的就听父母的，该听妻子的就听妻子的，该听丈夫的就听丈夫的。要注意的是，家庭中的沟通不是临时沟通，而是常规沟通。由此可知对应类型⑤或⑧。把和家人的沟通理解为常规沟通，更有利于你处理好家庭关系，一些该说但可能不太想说的话，该说就说，这就是技巧。所以综合来看，家庭沟通对应类型③-⑤或③-⑧。

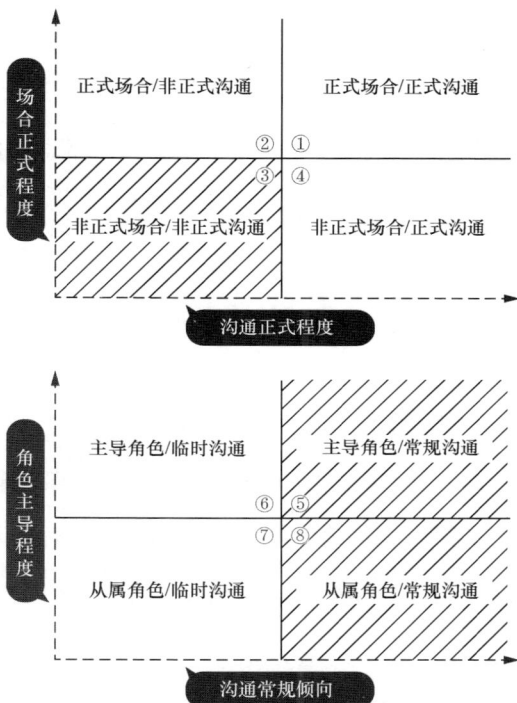

和"1-8模型"一样,"H形"结构也适合用来分析家庭中的沟通:中间一横代表夫妻,其他的点代表父母和孩子,如下图所示。"H形"结构有助于明确自己在家庭中的身份。

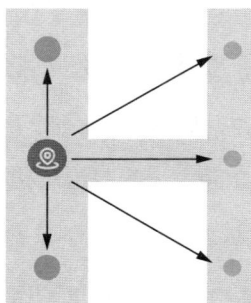

不妨借上图来确定自己在家庭中的身份，明确自己在家庭中的核心价值。你是家里的顶梁柱吗？家人的伙食和营养是否归你负责？孩子的功课由你来辅导吗？等等。做完这个准备功课，就可以开始"行动"了。

行动 52：爱的赞美

【行动描述】

使用爱的语言，在你每天的沟通中都加一点点爱。从今天就开始，每次沟通都刻意多说一句对方爱听的话或者表达对对方的认可的话。持续一个月，你会发现你们的关系在一点一点变好。

每天使用赞美公式赞美每位家人至少一次，有意无意地夸他一句。家是加油站，加满油，能量满满，才好迎接第二天的生活和工作。

【注意事项】

别不好意思，一旦有了良好的开始，后续开口赞美会逐渐变得非常自然。

行动 53：爱的传递

【行动描述】

每次和家人沟通前，都思考一下分寸感公式的三个要素：身份、情绪和语言。思考一下，并提醒自己，你的语言就会逐渐发生改变。

持续扮演好中间人角色，一有机会就进行曲线赞美，比如在妈妈面前多说妻子平时是怎么夸婆婆的，在妻子的面前多说妈妈平时是怎么夸妻子的。即使在家庭中，也需要使用一些技巧来积蓄爱与温情。良言一句三冬暖，家庭和睦尽欢颜。

【注意事项】

扮演中间人时，要注意尽量不要过分偏离事实，否则极有可能弄巧成拙。

实际上，我们无须强行用"1-8 模型"将家庭中的沟通划分为特定的类型，因为在家庭生活中，真实、坦诚、信任与爱是最可贵的。沟通技巧的使用，只是为了让家人更好地感受到你的真实、坦诚、信任与爱。

希望我们都能和家人进行充满爱的沟通，让家庭幸福、美满。

和孩子沟通：1个场景

与孩子沟通是很考验父母智慧的。沟通效果不仅影响父母与孩子的关系，还很大程度上影响孩子的未来。具有智慧的父母大多懂得三种与孩子沟通的方式：温、厉、参。

温，是温柔、温暖。孩子不是敌人，无论怎样和孩子沟通，都要让孩子感受到温暖，感受到父母的爱。

厉，是原则、权威。孩子尤其三岁以上的孩子，与外界不断接触的过程，就是持续感知原则和权威的过程。

参，是参与感。与孩子的沟通让孩子感受到被尊重，让孩子有存在感和参与感，很多时候沟通效果甚佳。

场景7：孩子总是不听话，怎么办

一位学员七岁的儿子总是让她苦恼：孩子也没到叛逆期啊，为什么跟他说做什么事，他就是不做呢？比如，洗澡、收拾屋子这样的事情，怎么说孩子都不愿意做。

孩子越不听话，这位妈妈就越着急，脾气也越来越暴躁，导致孩子越来越不听她的话。这种近乎陷入恶性循环的情况，该怎么解决呢？

【切记】

（1）和孩子沟通时，要综合使用温、厉、参，因为孩子的内心是很敏感的，你与他沟通要有章法。

（2）要让孩子有参与感，不要用命令的口吻让他收拾屋子，而要灌输一种责任感，让孩子通过收拾好屋子享受劳动成果带来的喜悦。

（3）当孩子和你对抗时，你首先要"温"而不是"厉"，先温和协商，再用参与感让孩子产生内驱力，最后用"厉"——确认下一次的规则或者"约法三章"等。

【切忌】

（1）一开始就指责孩子。父母要控制好自己的情绪，否则后续的沟通大概率是无效的。

（2）一直保持严厉。在孩子打开心结之前，不要那么严厉，不要用原则和规则跟孩子沟通。要用温暖和爱解开孩子的心结，后续的沟通才会顺畅。

（3）短时间内多次改变自己的沟通状态。忽冷忽热会让孩子觉得你没有原则，或者感觉你是对他表示妥协，这样的后果往往是孩子得寸进尺，导致后续的沟通成本变高。

婆媳关系的处理：1个场景

要想解决婆媳间的矛盾，首先要知道影响婆媳关系的三个关键要素——核心角色、次要角色和主要矛盾，然后梳理婆媳间的主要矛盾。

婆媳关系本质上存在于家庭的关系结构中，这个关系结构的核心角色有三个：婆婆、儿媳妇和儿子（丈夫）。如果每个角色在沟通时都把握好原则和分寸，这个关系结构就是相对稳定的。

相对于核心角色，次要的角色也有三个：公公、孩子和外婆。你要知道如何巧妙地向不同的次要角色借力。

主要矛盾的源头，可能是争夺家庭的控制权，可能是表现在家里的存在感，也有可能是生活习惯、育儿理念的差异。

场景8：奶奶总让孩子玩手机，妈妈非常头疼

一位学员有个四岁的孩子，他妈妈和妻子教育孩子的理念不同，两个人总是暗中较劲，这让他每天焦头烂额：为什么这俩不能各让一步呢？

更令他头疼的是，不仅孩子每天被弄得哭哭啼啼的，而且他妈妈也拐着弯地训妻子，妻子也总跟他抱怨。这种情况该怎么沟通和处理呢？

【切记】

（1）家人都是爱孩子的。老人带孩子很辛苦，孩子一闹老人就心软是正常的；孩子妈妈觉得孩子看手机久了眼睛会受到伤害或者会玩手机上瘾，也是正常的。

（2）作为儿子和丈夫，要处理好婆媳关系的前提是要明确双方的立场和感受。沟通时多站在对方的立场说话，以对方的感受为切入点，寻求对方的认同。

比如，可以和孩子奶奶说："妈，带孩子辛苦了，儿子享过福了，孙子也跟着享福，哈哈哈哈。"然后找准时机说："妈，有时候孙子刷手机，您还是得盯着点，网上的内容不一定都是健康的，可能会误导您的孙子啊。"

跟妻子沟通时，则可以说："孩子手机看多了的确影响视力，这事儿得重视。以后是不是可以在晚上刷手机的时间，咱们一起干点儿其他的事，妈带孩子也挺辛苦的，要不咱们想个办法让我爸参与进来？"

（3）作为丈夫的角色做决策时，一定要有自己的立场，不要把决策压力转嫁给妈妈或妻子，否则婆媳双方都会觉得你有点儿偏袒对方，后面的事情就会更难处理。

（4）作为妻子角色的孩子妈妈做决策时，首先要跟丈夫商量好，一意孤行可能会让自己陷入孤立无援的境地——感觉谁都不理解和支持自己，家庭关系就会进入一种恶性循环。跟丈夫沟通好后，可以自己主持大局，让丈夫"妇唱夫随"，也可以借丈夫的嘴说出来。

（5）处理婆媳关系时，不要让双方中的一方执意做决定，借助婆媳关系之外的角色，可以缓解双方的压力。

（6）丈夫要充当好纽带角色。比如，多在妻子面前说说"婆婆是如何夸儿媳妇的"，给妻子发红包说是婆婆给的；多在妈妈面前说说"儿媳妇是如何夸婆婆的"，给妈妈买礼物说是儿媳妇的心意。即使双方都知道是你做的，但也会知道你的良苦用心，通常就不会太为难你了。

【切忌】

（1）实话实说。不要把妈妈对你说的话直接告诉妻子，也不要把妻子对你说的话直接告诉妈妈。

（2）发牢骚。不要当着妈妈的面念叨妻子的不好，你妈妈会当真的；不要当着妻子的面数落妈妈的不是，如果婆媳发生口角，妻子可能会用这些话伤害你妈妈。

（3）犹豫不决。作为儿子和丈夫，做决定要果断，否则事情可能更糟糕，婆媳关系会变得更差。

（4）以孩子为借口伤害家人。这样做最终会伤害所有家人，尤其是孩子。

让孩子学会沟通：1个场景

除了原生家庭的关系质量外，影响小孩子心理健康的另一个关键因素是人际关系，虽然孩子的人际关系没有成年人那么复杂，但对于孩子的健康成长却是至关重要的。很多孩子被霸凌，性格过于内向或者心理成长出现扭曲，很大程度上是因为他们不懂得如何处理和同龄人之间的关系，如果孩子这方面的意识差，那父母就要帮助孩子完成人生的这一课，帮助孩子顺利度过这个阶段。和孩子沟通这件事，远比想象中重要！

很多父母在跟孩子沟通时，最容易进入的误区是以为一个家庭角色可以解决跟孩子沟通的所有问题。其实，如何跟孩子沟通，是一个人的事情，更是一家人的事情。家庭中不同角色和孩子沟通时，会天然地刺激孩子的神经元和敏感度，足够的刺激才能让孩子有足够的心智发育。很多孩子的情商发育问题，表面看似是不怎么说话，实际上往往是家庭的氛围和家人之间的关系质量问题。

场景9：孩子不爱说话，与家人和同学沟通时总是木讷寡言

一位学员的儿子十岁，平时在家里话特别少，只跟学校的一位小朋友在一起玩的时候才显得开朗。平时父母和他说话的时候，他也爱搭不理，他对爷爷奶奶也不算很有礼貌。另外，这位学员夫妻俩都是硕士，但孩子学习却不是很好，对学习也不上心。

这位学员找我咨询的时候，说目的就是想让孩子开朗一点，平时多说说话。这种情况该如何处理呢？

我判断她家里的氛围对于孩子来说应该是冷清的。健谈的孩子，家庭氛围大概率是热闹的、温暖的，因为这样的氛围中孩子与人沟通的意愿会更强烈。

【切记】

（1）首先要创造一个让孩子愿意说话的环境。先开心，再开口。孩子在小的时候要建立与父母的情感链接，这需要父母有足够的耐心。与父母有情感链接，孩子就会敞开心扉，心打开了，话匣子就打开了。

（2）给孩子表达的自由。不用成年人的思维框架限制孩子，孩子自然就会愿意表达。

（3）多给孩子一些赞美。哪怕是微小的改变和进步也可以给予肯定，这样孩子就会变得自信，而自信是表达的内驱力来源。及时赞美孩子，孩子会反馈给你更多的想法，你就会知道孩子是怎么想的，也就能更好地正确引导孩子。

【切忌】

（1）指责和否定孩子。如果平时家里就不热闹，就不要指望孩子真正对你敞开心扉。家庭氛围是孩子成长最好的土壤，父母是创造这个土壤的第一责任人，父母先把心打开，孩子才能把口打开。

（2）打压孩子。孩子小的时候，犯错是在所难免的，他也不一定想犯错，只是因为不知道该如何处理。父母在孩子犯错时如果打压孩子，过度地委屈孩子，孩子的表达欲望就会越来越弱，最后严重到不再跟父母沟通。

（3）在孩子面前太冷漠。这种冷漠既是指父母和孩子之间，也是指夫妻之间。夫妻关系差，就要想着改善关系，因为不论怎么掩饰，孩子都能感受到，夫妻关系长期不好的家庭，孩子的性格就容易变得压抑，不爱说话。另外，父母要多和孩子说说话，表达能力是可以后天习得的，在家里说话少，在外边交际时也容易变得迟钝。多跟孩子说话，孩子的表达能力才能更好地提升。

让亲密关系保持新鲜：1 个场景

亲密关系之所以重要，是因为它可以让我们感受到爱与温暖，尤其是长期良好、稳定的亲密关系，会带给我们持久的安全感和幸福感。亲密关系是需要经营的，随着时间的推移，很多恋人或夫妻之间的亲密程度会逐渐淡化。如何让亲密关系保持新鲜呢？

有人可能会说"平淡才是真，哪会一直新鲜"，但是平淡不等于无趣，不等于死气沉沉。保鲜不是要保持原样，不是指老夫老妻还要跟初恋一样，而是指一种历久弥新的感觉，一种关系升华的感觉。

想让关系保持新鲜，首先要把沟通放在第一位。当你发现自己和伴侣之间出现了问题或矛盾时，及时进行沟通，问题的积压，要么会导致更大的矛盾，要么积久成疾。

其次，默契也是非常重要的。比如说，在周末安排一顿浪漫而温馨的晚餐、一起看一场电影等，这些举动都能够让两个人之间产生情感共鸣，并增加彼此之间的默契程度。默契会让双方变得更加开放和坦诚，更愿意倾听对方的意见和观点，关系自然变得更加和谐。

再次，就是尝试新事物，共同进行探索。很多时候我们可能已经习惯了用某种方式或者某些规则来维持亲密关系，然而任何人都是变化的，探索新事物会给生活提供新的元素。比如，去旅游、尝试新菜肴等，可以增加两个人之间的互动，并且让我们更好地认识彼此。

最后，要保持耐心。使一段亲密关系保持新鲜并不是一天两天的事情，需要双方共同努力和坚持。在遇到困难或者产生矛盾时，请记得保持冷静，要保持对伴侣的耐心，不要轻易放弃。只有相互扶持、包容、理解，关系才会更加牢固。

场景 10：丈夫不爱跟我说话了，怎么办

一位女学员，最近一年很烦恼，她感觉丈夫不爱她了，不像以前那么爱跟她沟通了。原来有事情会主动和她商量，现在也不问她了；对她的一些需求和她发起的沟通，她丈夫也不认真对待。她不知道问题出在哪里。如何才能让她丈夫像原来一样呢?

咨询后，才知道她丈夫这一年的工作压力很大，而且其间和她有过一次挺激烈的争吵，之后就变得沉默了，不怎么跟她开口，跟她的关系感觉也淡了。当时，我跟这位学员着重强调了亲密关系"三三原则"的使用方式。现在他们已经和好如初，并且这位学员经营亲密关系的能力也提升了。

"三三原则"就是亲密关系双方沟通时要把握的三个对方的核心需求：男性需要被理解、被支持、被肯定；女性需要被关注、被呵护、被尊重。

【切记】

（1）和谐的亲密关系，需要双方的经营与呵护。

（2）女性在和男性沟通时，要围绕对方的三个核心需求进行。理解，会让男性主动倾诉；支持，会让男性放松心态交流；肯定，可以让男性主动分享喜悦。

（3）男性在和女性沟通时，也要围绕对方的三个核心需求。关注，会让女性愿意展示更好的自己；呵护，会让关系升温，变得更热烈；尊重，会让女性肯定自己的付出，从而让关系更和谐。

【切忌】

（1）贴标签，下定义。摩擦、争执在所难免，但处理好了可能会让关系更和谐。而一旦给对方标签，如"恶毒""刻薄"等，在对方心里造成的负面影响就很难消除了。

（2）跟外人进行比较。在对方受挫的时候，或者取得成绩的时候，别拿对方和外人对比，这会让关系快速恶化。

（3）翻旧账。这是一种揭伤疤的行为，会让对方心里积累怨恨，这种怨恨积累到一定程度就可能因为小事而集中爆发，让双方的关系滑向失控的边缘。